教师博览 《教师博览》精华丛书

做班主任的艺术

余华　主编

江西教育出版社
JIANGXI EDUCATION PUBLISHING HOUSE
·南昌·

图书在版编目(CIP)数据

做班主任的艺术 / 余华主编 . -- 南昌 : 江西教育出版社 , 2021.7

ISBN 978-7-5705-2725-0

Ⅰ . ①做… Ⅱ . ①余… Ⅲ . ①班主任工作 Ⅳ . ① G451.6

中国版本图书馆 CIP 数据核字 (2021) 第 129826 号

做班主任的艺术

ZUO BANZHUREN DE YISHU

余　华　主编

江西教育出版社出版

(南昌市抚河北路 291 号　　邮编：330008)

各地新华书店经销

江西省和平印务有限公司印刷

700 毫米 ×1000 毫米　16 开本　14 印张　字数 175 千字

2021 年 7 月第 1 版　2021 年 7 月第 1 次印刷

ISBN 978-7-5705-2725-0

定价：45.00 元

赣教版图书如有印装质量问题，请向我社调换 电话：0791-86710427

投稿邮箱：JXJYCBS@163.com　电话：0791-86705643

网址：http://www.jxeph.com

赣版权登字 -02-2021-442

班主任的幸福源于何处

◎李镇西

恐怕即使是不愿当班主任的老师也承认，和一般科任老师相比，学生对班主任老师的感情要深一些。原因很简单，班主任老师陪伴孩子们要多一些。

所谓“陪伴”，当然包括时间的陪伴。上完课、批改完作业，科任老师可以下班了，可班主任不行，还要处理各种班级事务，还要找犯错误的学生谈心，还要排练迎新晚会的节目或看看运动会参赛学生的训练……这些“陪伴”都耗去了班主任许多时间。

比时间的陪伴更重要的，还有成长的陪伴。通常情况下，班主任接手一个班一带就是六年——从一年级到六年级，或从初一到高三（我当班主任曾经就是六年大循环），看着孩子一天天长大，一个个生命由稚嫩走向成熟。当然，在这陪伴中有人格引领、情感滋养、精神铸造。

这是多么有意思的一件事，这更是一件幸福的事。

回想我自己从教之初，真正让我慢慢喜欢上教师这个职业的，正是班主任这个角色——不，准确地说，是在当班主任的过程中，遇见的一届一届孩子给我的纯真情感，碰到的一个一个难题给我的丰富智慧。

——因为有了情感，所以有了幸福；因为有了智慧，所以有了成就。

对于年轻的班主任来说，怎样才能爱上教育，并获得成就呢？

我的回答是："职业情感来自童心，教育智慧源于难题。"

第一，多接近孩子，走进心灵。

和人打交道的职业显然不止教师，医生、警察、商场售货员……也与人打交道。但不同职业所面对的"人"是不同的。医生面对的是没精打采的病人，警察面对的是为非作歹的罪犯，售货员面对的是买了东西转身就走的顾客。而教师呢，面对的是世界上最纯洁的孩子。如果说，成人之间交往，多少还有一些戒备的话，那么走进教室，我们完全可以心灵不设防，因为我们面对的，是一个个纤尘不染的精神世界。

格鲁吉亚教育家阿莫拉什维利说过："谁爱儿童的叽叽喳喳声，谁就愿意从事教育工作，而谁爱儿童的叽叽喳喳声已经爱得入迷，谁就能获得自己的职业幸福。"

那么怎么才能爱上"儿童的叽叽喳喳声"呢？

很简单，和孩子一起玩儿呀！尽可能和他们待在一起。课间和他们一起打篮球，和他们一起跳绳，周末带着孩子去郊游，在河滩上斗鸡，在小树林里捉迷藏……这是我年轻时教育工作的常态，是的，"常态"！我没想过要刻意"走进心灵"，也没有想过"亲其师信其道"——没那么功利，我就是觉得和他们一起玩儿，很开心。当孩子把我的眼睛蒙上，在我背后拍拍我的头然后又跳开，或者用树枝敲打我的屁股时；当我和高三男生摔跤，被四五个高三小伙子压在草坪上时；当我和一群少男少女手牵着手，站在黄果树瀑布下，任飞溅的水花把我们浑身上下淋透时……那种幸福感，是任何职业无法企及的。

慢慢地，一到假期我就想他们了，我感觉自己离不开孩子了——原来，不知从什么时候起，我爱上教育了，爱上班主任工作了。

这就是“职业情感来自童心”。

第二，不重复自己，研究难题。

我在外给同行们讲我的教育故事时，曾经有年轻老师问我：“难道教育就是你说的这么简单——带着孩子玩儿？后进生、单亲家庭、留守儿童、早恋、网瘾、升学率……无数的难题，你难道就没遇上过吗？”

当然遇到过，甚至可以说，每天都有一个又一个的难题向我扑来，但这正是我的课题。

是的，把难题当课题，不但是克服职业倦怠的有效方法，而且也是任何教师获得专业提升并赢得教育成就的最佳途径。

仔细想想，为什么有的班主任老感觉不到职业幸福？因为他每一天都没有变化，面对一个个难题他除了哀叹或发怒，就束手无策。没有变化，每天重复自己，这是许多教师渐渐厌倦职业的重要原因。我经常对年轻教师说：“有的老师教了三年书，其实他只教了一天，因为他每一天都在重复自己，今天和昨天没有什么不同。”这样教书，不厌倦才怪！

那如果换种职业状态呢？尽可能让每一堂课都有那么一点点创意，让每一天都有一点点和昨天不一样的地方，每带一个班都不要重复自己……这里的“创意”“不一样”“不重复”来自哪里呢？正来自一个又一个的难题。

年轻时我带班遇上男女生交往的“难题”，我便研究青春期教育，于是有了我的教育专著《青春期悄悄话》；我曾带过全校最差的班，每一个顽童都是我的研究对象，围绕他们我阅读和思考，并尝试用各种方式去转化他们，每天都记录他们的表现和我的反思，于是有了我的教育叙事《与顽童打交道》。学生的学习基础相差悬殊，怎么进行教学才能够让所有孩子都能有所提高？于是我带领科任老师以因材施教的理念探索“分层递进教学”的方式，我们每次备课背四套教案，每天的作业设计四套作业，每次测验命制四套考题……结果获得成功，于是有了我们班科团队的课题论文《让每一个孩子都享受成功》……

这样搞教育，每个日子都是新的；这样带学生，每一天都会收获智慧。

这就是“教育智慧源于难题”。

我年轻时就告诉我自己，既然班主任非当不可，高高兴兴也是当，悲悲戚戚也是当，那我肯定选择前者。随着时间的推移，我从班主任工作中获得了做单纯的任课老师所没有的情感与智慧，渐渐地我迷上班主任工作了，所以后来当了校长，我依然坚持当班主任。

曾有人不理解我为什么如此迷恋班主任工作，我不想长篇大论地谈“意义”，只是简单地回答：“爱好而已。”

的确如此。当工作与爱好成了一回事，那么与其说是工作，不如说是爱好；与其说是为自己而工作，不如说是为自己的爱好而投入整个的生命，并享受其中——所有的职业幸福就源自这里。

目 录

第一章 第一次做班主任

第二章 班级管理的艺术

第三章 不是一个人做班主任

第四章 接手新班

第五章　拥抱“问题学生”

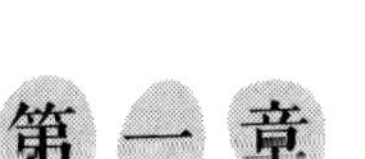

第一章 第一次做班主任

教育的爱是一种智慧，它来自教师的爱心，也源自教师的自省。做一名智慧的班主任，就必须在实践的土壤里，在审视自己的过程中，不断学习反思，不断深入研究，完善自我，超越自我。

“跳山羊”的启示

◎王学涛

那是一个秋天的下午。

那时我第一次当班主任，最后一节是我班的地理课，教学内容是“热力环流”。我认真地备了课，在备课本上，我写出了这节课的重点是理解“热力环流”的形成过程，难点是如何理解“热力环流”的形成过程。我还画出了“热力环流”形成示意图，把自己要讲述的内容在备课本上做了全程书写。上课时，按照备课本上写画的一切，我开始按部就班、口若悬河，讲到后来我感到口干舌燥。下课铃响了，我汗流浃背，可一节课下来我自己都不知道自己讲了什么。学生迷离的眼神更加深了我的惶恐，他们看上去对这节课的内容依然是那么陌生。

我有点恍惚地随孩子们来到操场。一天了，我和孩子们都有点累，他们想放松放松，我也想放松放松。我说了一句“自由活动吧”，孩子们纷纷玩起了自己喜爱的游戏。

几个男生玩起了“跳山羊”：一个男生弯下腰当“山羊”，其他男生从他身上跳过去。我本能地站在旁边做保护状。有老师关注，孩子们都显得很兴奋，争着表现自己。从小个子到大个子，“山羊”换了一个又一个，高度一点点地增加，难度也在不断增大。一会儿，只剩下几个胆子大的孩子在不断向新的高度冲击。终于，做“山羊”的换成班里个子最高的男生，有几个孩子仍然一跃而过。

玩了一会儿，他们觉得还是不太过瘾，纷纷吵着说如果“山羊”能再高一些就好了。此刻，我也忘却了地理课的烦恼，沉思片刻，走到他们中间说：“我来当‘山羊’，可以吗？”孩子们先是一愣，接着便大声欢呼起来。我弯下腰，把手放在膝盖上，透过厚厚的镜片盯着脚下的黄土，感受着那份纯真的快乐。急促的脚步声响起，我的背被一双手猛地按了一下，我必须使劲地撑着：不能趴下去，不然孩子会受伤的。一个孩子从我的背上跃了过去，周围顿时响起热烈的掌声。紧接着，又一个孩子一跃而过，再一个孩子一跃而过……

停顿下来，我微微直起身，刚才跳过的孩子显得兴高采烈，旁边站着另外几个孩子，有的是个子较矮的，有的是平时胆子比较小的，他们背着手静静地站着，眼神中有些许期盼。我懂了。我迅速弯下身子，弯得很低很低：“来吧。”背上又是一双小手压过，再一双小手压过……我的腿更加用力地站着，我的腰更加用力地弯着，我的手更加用力地撑在膝盖上。我感觉腿和腰有点酸胀，脸有点鼓胀，可是我不在乎。

脚步声又响起，背再一次被按压，可是我倒下了，一个小胖子也趴在了我身上。我感觉视线有点模糊：“我的眼镜呢？”小胖子用沾满泥土的手把眼镜递过来，憨憨地笑着。顿时，我和孩子们笑在一起，还有好几个孩子笑倒在操场上，黄土沾满了一身。“我真是太高兴了！我体会到了从老师身上飞过去的感觉。”有个孩子吼道。

孩子们，何止是你们快乐；我，也是无比的快乐。

孩子们慢慢地散去。我坐在地上，陷入了沉思。

我问自己，我为什么会快乐？因为我爱我的孩子们，如果不爱，他们快不快乐、成不成功，与我何干？因为我看到了能力不够突出的孩子们也能成功飞跃；因为我找到了让能力不够突出的孩子们飞起来的办法——给他们合适的舞台；因为我领悟到了教育的真谛——俯下身子，做孩子们真正的朋友！

我回到办公室，在备课本扉页上郑重地写下这句话：俯下身子教书育人。我翻到之前写好的“热力环流”教案，在上面用红笔打上一个大大的问号。我翻到新的一页，开始重新编写“热力环流”教案……

转身后的美丽庆典

◎田希城

我喜欢读《犟龟》，因为犟龟淘淘历尽千辛万苦，面对他人的冷嘲热讽，坚定不移地朝着理想前进，最终遇到了人生中最美丽的庆典。我们人生中的失败，大都是因为我们没有犟龟的精神导致的。然而，有时坚持未必会取得成功，适时的智慧“转身”，也许会让我们遇到美丽的庆典。

2010年9月，刚参加工作的我被安排到五年级（二）班担任班主任。当听到这安排时，我内心咯噔一下：在其他老师眼里我还是个“孩子”，我这个“孩子”能带好他们吗？做班主任，不但意味着跟学生打交道，还意味着要与家长打交道。在实习时，我见过家长因为孩子的事情来学校找班主任的情景，我的口头表达能力那么差，能摆平这样的事吗？再说了，城市孩子从小娇生惯养，好管吗？……疑虑重重。有同事告诉我，首先你一定要“镇住”学生，如果一开始“镇”不住他们，以后就不好管了。

开学那天，我牢记着这句话，心想一定要把学生们“镇住”。我拿着钥匙打开教室的门，将关了一个暑假的窗户全部打开，让教室透透气，以清新的环境来迎接学生。学生们陆陆续续走进教室，我背着手，板着脸，严肃地站在教室前面。学生们却对我视若无睹，没有一个学生跟我打招呼。上课铃响后，教室内还嘈杂一片，我站到讲台上严肃地说：“同学们，安静！坐好了！”

可是，我的声音被56个人的喧声淹没了，没有人理睬我，这让我顿时生出了失败感。我有些生气，用黑板擦使劲拍打讲台，并大声吼道：“如果安静不下来，就别回家了！”这也不奏效，学生们仍旧叽叽喳喳个不停。完了，现在的我没有镇住他们，这个班怕是教不了了，班主任更当不了了，沮丧的念头在我的脑子里盘旋。汗不停地从毛孔里往外钻，面对这帮孩子，我开始发怵了。

正当我万般无奈之际，杨老师赶来了。她跟我搭班，也是刚接这个班。她说话时，学生们也不听，但她毕竟是有经验的老教师，面对吵闹的学生，并没有对学生发火，而是对他们进行了一番表扬，三言两语过后，学生们像温顺的小绵羊一样安静了下来。

杨老师把学生安抚好后，我开始让学生们发书，班内又乱糟糟的了。她对我说：“刚开学先让他们互相交流交流。”她把《班主任一日常规》的重点部分给我画出来，让我给学生们讲一讲，建议我先不要调整班委，保持原样不动，等摸清学生们的情况后再说。杨老师还说：“放学时，先在规定的位置站队，然后把学生送到校门口。”可是在什么地方站队我都不知道，德育处主任没给我们新教师开一次会，也没有进行任何指导，就让我们赴任了。杨老师说：“你就让学生们按照上一学期的要求去做就行了，他们知道该怎么做。”

就这样，我在学生的牵引下，怀着忐忑的心情开始了与学生的相处。因为这个糟糕的开始，使得我与学生们磨合了好长一段时间。一个学期之后，我们班才逐步走上了正轨。

第一次与新生的失败接触，在我的心里留下了阴影。我总是在思考：该怎样去面对新学生？每次读到教育类书籍时，我也总是刻意去寻找谈如何迎接新生的文章。幸运的是，我在李镇西、阿莫纳什维利的书中找到了答案。

当我送走了第一批学生，迎来又一批新学生时，我改变了以前“镇住学生”的做法。

开学那天，我打开教室内的电脑，给学生们播放了我提前做好的介绍上一届班级情况的PPT和视频，一边播放，一边面带微笑向他们讲解：

同学们，欢迎你们步入这个曾经创造过和即将创造奇迹的班级！我们这个班级除了有一个阿拉伯数字组成的班名外，还有一个独特的名字——“奇迹班”。这个名字源于一本感动全世界的书籍——《夏洛的网》，故事讲了一只小蜘蛛为了实现自己当初对好朋友——威尔伯的承诺，而创造了生命的奇迹，同时也创造了友谊的奇迹。你们就是“奇迹班”的第二届学生。

“奇迹班”有着与其他班级不同的地方。拥有自己的班训——责任、方法与美；拥有自己的班史——《奇迹班的故事》，这是第一届学生每天写的班级日志；拥有自己的班刊——《酷乐童年》，还创建了班级博客，目前的点击量为2691次，你在百度上输入“希城教育世界”就可以找到。欢迎同学们登录博客，更详细地了解一下我们的“奇迹班”。我们来上学不仅仅是来学习知识，还是来生活的，我们班级的一种共同生活方式是“读、写、思”。每个月，我会向大家推荐一本经典的书籍；每日要写日记，日记不管字数多少，只要写就可以，想写什么就写什么，想怎么写就怎么写，总之就是随心所欲地写；每周要写随笔，写的内容要来源于你的生活；每个学期，我们会思考一个社会问题。在这个班级里，每个月的月末，还会有一场精彩的电影等着你，你会从中收获到从书本上学不到的东西。在这个班级里，还有许多第一届学生没有完成的事情，比如班旗，没有制作；班歌，没有谱写；班规，也没有制订。我期望你们能完成这些他们没完成的事情。你们来到这间教室，我不可能只给你带来快乐，你还会体会到痛苦、遗憾与悲伤。因为这些是我们人生中一定会遇到的。我最大的梦想是坚守住一间教室，打造一间有历史的教室；做一位讲故事的人，把我们的故事讲给他人听……

我在讲台上津津有味地讲着，学生们在下面安安静静地听着。往日“奇迹班”学生们生活的照片、视频一一呈现在了新学生面前，他们被这个班级美好而独特的生活吸引了。

好的开始是成功的一半。很快，我与学生们建立了和谐的师生关系、深厚的友谊，班级管理也很快走上了正轨。这个美好的开始，也为以后良好班风的形成奠定了基础。我所教的这个班级，多次获得优秀班级荣誉称号，孩子们的出色表现，教师们有口皆碑。我还代表学校在区班主任论坛上做了典型发言，介绍了班级的建设情况。

现在想来，当遇到困难时，适时地智慧转身，也会让我们遇到人生中的美丽庆典……

在摸索中前进

◎吴　晶

大学毕业，我满怀期待又茫然无措地走进了一所职校，成了语文老师，成了班主任，成了一群女孩子们的姐姐。三个学期过去，我和她们发生了太多的故事，我为她们也为自己流过太多的眼泪，我幸福过，挫败过，逃避过，可是我很高兴和她们一起走了过来，一起成长，一起感悟。

听过这样一句话，“班主任就是一个不完美的人带着一群不完美的人走向完美”，我认同。

光有热忱是不够的

记得刚接手这个班（幼师专业）时，我满怀热忱，整夜整夜亢奋不已，想着怎么和这群女孩子相处，怎么让她们快乐又有所收获。我出黑板报，布置教室，给她们写信，打电话和她们聊天。

系主任说：“带班第一年一定要严，不是说不要沟通，但严格和适当的训斥是必需的。”我在笔记里记下“严格”二字，但内心不以为然，什么年代了，这帮孩子都16岁了，像朋友一样相处才是“王道”。

开学了，看着她们期待的眼神，我和她们亲切地交谈、聊天，充满信心，觉得自己可以带出一个和谐而快乐的班级。可是，生活总是充满“可是”。开学第三天，就有女生在班里吸烟、打架。她小小的个子、大大的眼睛，神情无辜地看着我，告诉我她是被冤枉的。我选择相信她，我要保护她。但是系主任轻而易举地击破了她的谎言，处分——那是肯定的。

那晚，我和她聊了很多，告诉她人总会犯错，人生总是有坎坷的，但是大方向不能错，等等。我还特意给她换了寝室，系主任交代当晚要看好她。第二天，我才知道“看好她”是什么意思，她混出了学校，离家出走了。

她的父亲、我、系主任走遍了嘉兴的网吧、KTV、招待所，搜寻她的身影。我满心的忧虑。在疲惫的奔波中，我没有思考、没有伤心、没有诧异，只想知道她的消息，希望她能平安回家。最后她还是回家了，只是不能再留在我的班上。

由于错过了对班级的最佳教育时间，加上我内心对“严格”二字认识得不透彻，班里陆续发生了一些事情，让我深受打击。我觉得这帮女孩子哪是天使，根本是恶魔，女孩子怎么能吸烟、打架、旷课、撒谎、偷窃、出口成“脏”呢？但看着别的班从无序到有序，我才猛然醒悟“严格”二字——没有规矩，不成方圆，光有热忱是不够的。

我开始学着别的班主任，板着脸，讲校纪校规，孩子们一下子觉得我变了，甚至有人说“看吧，本性出来了”。

把她们当自己的妹妹看

委屈，然后是灰心，甚至有些厌恶，从故意板着脸进教室到再也笑不出来。后来，我的朋友张老师跟我说：“每个班都有几个后进生，你不能因为他们而讨厌全班，大部分还是好的。”我听说有的班学生在背后骂班主任，班主任知道后只是深吸一口气说：“我不生气，她们还小。”

我看到有一个孩子的QQ签名：“最近班主任都不笑了。”“你要爱她们，不是自己的孩子，就当自己的妹妹。”爱她们，这是张老师在强调严格之余，给我的另一句话。犯错，是学生都会犯错。犯了错要教育，一招不成再换一招，你总不能看着自己的妹妹走向悬崖而不去拉她一把吧？

我重树信心，笑着走进教室，管纪律，管仪容仪表，管成绩，也管她们的心情、想法、身心健康。我一边向办公室里的老教师讨教经验，一边装作很懂的样子，手把手地教班委怎么树立威信，怎么管理班级。

一段时间过去了，班委们有了变化，她们从要辞职，不敢、不愿意管班级，到敢管、愿意管，却和同学矛盾激化，再到既能和大家和谐相处，又能把任务布置下去。那天，当她们自己主动制订出班规并在班上宣布执行时，我感动了。所有的努力没有白费，她们在成长，她们都是天使，只是她们需要有人引导、有人教化。

爱她们，把她们当成自己的妹妹。在她们成功时，拥抱她们，表扬她们，和她们一起开心地大笑；在她们犯错时，别放弃她们，既要批评也要教育。

又一次打击，又一次转机

然而，在第一学年结束时，上苍又给了我们班一个致命的打击——思想道德修养与法律基础自考13人没有通过。我们班是要通过自考的方式取得大专文凭的，因而自考对她们来说很重要。而思想道德修养与法律基础是所有自考科目中相对难度小一些的，孩子们茫然了，难度小的都有那么多人考不过，那后面的路要怎么走？

是啊，后面的路要怎么走？我一遍遍地问自己。第二门自考是教科研，那是最难的一门。看着孩子们灰心丧气的样子，我意识到工作的重点应该放在帮她们树立信心，营造自考氛围上了。

我闭口不谈只有8人通过的一模考试，找这8位同学开会，让她们当组长，每人负责4位同学。我让她们了解到只有整个班级有学习的氛围，才能更好地学习；学生在学校除了学习，还要锻炼自己的能力，而帮助同学就是一次很好的锻炼机会。我和孩子们一起看复习资料，给她们讲解复习方法，制订每天的背诵任务。我们不讨论能否通过考试，我们只讨论今天的题“你背出了吗”。

最终，我们班的教科研考出了整个年级最高的合格率。在后面的几次自考中，我们班的成绩也一直是名列前茅。现在，关于自考，她们有信心、有方法、有毅力。打击，何尝不是一次转机呢？

孩子们，让我们一起在摸索中前进

我说不上多热爱自己的职业，我只是爱和她们在一起，她们已成为我生活中密不可分的一部分了。

让我最开心的是，看着一个调皮的、总是控制不了自己脾气的孩子在周记本上写道：“其实他们骂我也是为了我好，其他人会无缘无故骂你吗？不会吧。所以，我们要好好珍惜。我现在好好读书，长大后孝敬老爸老妈。”

让我最欣慰的是，她们已不会像以前那样傻背书了，她们会看书、看题典，她们开始懂得复习要先有一条主线、一个框架。她们知道付出了、努力了、坚持了，会有收获。

让我最感动的是，她们会说：“我不想再让自己后悔一次了。既然这辈子没有机会上高中、上大学了，那我要在这里拿到自己该得的。”

在她们身上，我有太多太多的“最”。带领这群孩子前进，既是我的工作，也是我的生活。孩子们，我们一起在摸索中前进，我想看着你们笑、你们健康、你们成长、你们顺顺利利毕业。我的生活，因你们而丰富多彩!

当我们还是“菜鸟”

◎瞿春红

我是菜鸟，我申请援助

其实，“菜鸟”的身份，本身就是一种财富。因为什么都不懂，所以可以理直气壮地请教别人，振振有词地为自己辩解：“我是菜鸟嘛！”“我不懂但我可以学啊！”

我们学校的小燕老师刚来时也是一只“菜鸟”。不过工作才半年，她不但在校级各类比赛中频频获奖，而且年底写出的班主任小结获得了校一等奖，并在区内教育刊物上发表了。和所有的“菜鸟”一样，小燕当班主任的第一个月可谓惨不忍睹，所有美丽的教育幻想，都被学生们的“我行我素”击打得支离破碎。当每一次教育试水的结果都令梦想黯然失色时，小燕破釜沉舟，使出了“菜鸟”的必杀绝招：“沈校长，我什么都不懂，做什么都失败，可我不想这样。我有个请求，能不能把刚刚退休的徐老师请回来做我的师傅？费用我来出。”校长欣然同意，不但返聘了这位资深前辈，而且费用全部由学校承担。从十月到十一月，徐老师对小燕进行了全方位多层次的实时指导，使小燕迅速成长起来。

课间十分钟的乱象曾经令小燕备感生无可恋，如今却成了她与学生交流的最佳时段。小燕开启主攻模式：通过倾听，了解每个学生的性格脾气，为他们找准在班级中的定位；通过设身处地地探讨，指导学生当好自己的小助手；耳提面命，及时杜绝课间安全隐患；通过个性化评价，引导学生扬长避短；通过示范——当着孩子的面收拾讲台，捡去垃圾，达到“此时无声胜有声”的教育效果……还有最幸福的师生谈书时间：与学生共读一本书，就在下课十分钟，抛出一个问题，大家你一言我一语，亮观点，找依据，师生各执一词，争出了舌尖的莲花，争出了思想的火花，争出了精彩的课间。

徐老师功成身退后，尝到甜头的小燕却食髓知味再不知“餍足”，她公然扯起“我是菜鸟，我需要援助”的大旗，以“无知者无畏”的姿态向每一位老师打探“妙方良药”，一学期很短，却成为小燕收获最多、成长最快的四个月。她从一只懵懂无知、洋相百出的“菜鸟”蜕变成了一个有冲劲、有创意、有方法的优秀教师！

但凡我做得到的，必全力以赴

读师范的第二年，我们班主任“下海”经商了，接替他的是刚刚告别大学生涯的虞老师，一只新鲜出炉的“菜鸟”。初次见面，他穿着大学里的校服，一脸腼腆地站在讲台上，扶了扶度数颇高的眼镜：“老师们，你们好——”台下哄然大笑，男生拍桌子，女生跺地板，这位后来被我们亲切称呼为“虞美人”的“学生”就这样被晾在了讲台上，保持着投降的姿势想让我们静下来，却可怜地被无视了。终于，班长看不下去，站起身大喝一声：“静一静，听班主任说！”班长是前班主任一手培养出来的将才，她一声令下，教室里顿时鸦雀无声。“虞美人”感激涕零地望着班长：“你是班长吧，你能不能替我讲讲？”

可就是这么一只货真价实的“菜鸟”，却用两年的时间赢得了我们所有人的信赖和尊敬。此后，无论天南海北，无论时光流逝，都无法消融我们的情谊，他永远是我们“最铁的哥们”。而奇迹，竟是源于每月一次的合唱比赛！

我们师范生每个月都有一次合唱比赛：指挥、伴奏都由学生自己担当，高低声部的练习、合唱过程中的队形变换、动作设计也基本都由学生自己构思、训练。但我们在一年级时，由于前班主任是学校骨干，交际手腕一流，每次比赛前夕，他都会启动最好的资源：最好的声乐老师给我们训练，最好的服装向学校借来，担任指挥和伴奏的都会由专业老师单独辅导。比赛时，他总是身处评委中间，不时交流几句、会心一笑，让我们心里特别笃定。

因此我们每次都能捧回冠军的奖杯。“虞美人”上任后，我们风光不再，第一个月，别说是奖杯了，名次都没有。一下子群情沸腾，怨声载道！让人意外的是，次日班会课，推门而入的“虞美人”居然满是愧疚地说：“记得第一次见面我喊你们什么吗？老师！你们以为我是口误，其实不是。两年后，你们的身份就是老师。至于现在，和我这个刚走出校门的‘菜鸟’相比，我也真心觉得你们更像老师，至少班长肯定是！昨晚比赛失利都是我的错……”在他的自我批评声中，我们破天荒地沉默了。“虞美人”说完后，我们在班长的建议下，以小组为单位，热烈地探讨如何在下个月重振雄风。“虞美人”把各小组的建议工工整整地写在了黑板上，一块内容是我们自己要做的，一块内容是我们要求他做到的。

从这一刻开始，一切似乎回到了从前，我们恢复了一年级时的辉煌，在学校各项比赛中拿奖拿到手软。可是，一切又似乎有些不同，我们不再像一年级那样一味听从班主任或是专家的调配，我们有了自己的主张、自己的决策、自己的行动。我们也习惯了“虞美人”喊我们老师，习惯了给“虞美人”分配任务，谁让他在那次自我批评中信誓旦旦："但凡我做得到的，必全力以赴！"

毕业前夕，"虞美人"和我们一起把酒言欢，笑言第一次完成我们布置的任务所遭遇的种种碰壁、种种尴尬。他说："你们的要求可真高啊！要我把学校最牛的音乐老师请来。你们不知道多难请，当年刘备三顾茅庐，我却磨了他整整一星期，早中晚报到，可算是打动了他，但他也说了，只此一次。于是他给你们训练的时候，我每次都不敢落下，把训练的每一个细节都记录下来，而且还专门录了音。我当时想啊，我虽然唱功不佳，但至少得熟悉套路，这样下回才能有所借鉴。后来我有事没事就蹭到音乐班去'偷拳头'，结果，音乐班的人把我当'奸细'，看见我就轰我走……哈哈，你们不知道，这两年，我愣是把自己的薄脸皮练成了厚脸皮，直到现在的没脸皮！"

大家一开始都听得很开心，可是不知怎么的，笑声渐渐消停下来，有个男生大着舌头道："虞老师，你是我们遇到过的最好的班主任！"这句话似乎一下子把所有人都激活了，大家七嘴八舌地开启了点赞模式，感激"虞美人"把我们培养成一批能力强、有底气的真老师！"虞美人"眼眶红了，举起了双手，一如初次见面时他站在讲台上那个投降的姿势。我们都安静下来，听着"虞美人"略带沙哑的声音："同学们，是我要感谢你们！这两年，是你们把我培养成一个合格的师范老师！在你们的指导下，我学会了如何向同行借力，如何关注细节，如何走进学生内心……大学四年，教给我的是理论知识，和你们相处两年，我把这些理论变成了实践。你们每一个都是我的老师！特别好的老师！我，谢谢你们！"他深深地一鞠躬，我们纷纷红了眼眶。

当我们还是"菜鸟"的时候，就做一只纯粹的"菜鸟"：犯了错就正视问题、认真反思，因为那是我们成长的足迹；不懂了就主动求教，因为那可以让我们少走弯路；与学生建构合作关系，那是我们通往专业发展的必经之道！

且把“一地鸡毛”扎成“鸡毛掸子”

◎张　健

十二年前，从师范大学毕业的我，走向工作岗位，终于圆了教师梦。

我憧憬，学高为师，身正为范；杏坛播撒希望，祖国的幼苗茁壮成长……怀揣教育梦想，我成为一线教师，却发现，理想很美满，现实很骨感。

职业初期的我，教育生活经常是“一地鸡毛”。

班级琐事“一地鸡毛”。卫生、纪律、路队等，班级中总有数不清的琐事；保姆、警察、演员，除老师之外，还有各种身份不断切换；学生之间经常有各种摩擦等着处理；拖着疲惫的身躯送完路队，工作并没有结束，还得全天候在线服务。披星戴月，朝七晚六，每天像转圈拉磨的驴一样，一圈又一圈，一天又一天。

教学研究“一地鸡毛”。在大学里拿过讲课比赛大奖、在实习期是优秀实习生的我，入职后的第一次亮相课却被批得体无完肤。“牵着学生走”“没有体现生本理念”这些都是硬伤。

教学成绩“一地鸡毛”。盯班靠班，但就是不出成绩，我不明白，问题出在哪里?

个人发展“一地鸡毛”。语文、班会、心理健康、综合实践、校本……兼任各种课程，我从哪个方面入手才可以有所突破呢？我热爱语文教学，对心理健康也感兴趣；领导让我钻研品德学科的东西，希望能干出点名堂。但最终我没有一样能拿得出手的。找不到发展点，摸不到个人专业成长的路径，看不到发展前景，我茫然不知所措。

铺天盖地的“鸡毛”漫天飞舞……

这样的状态让我迷茫和痛苦，我开始反思，这就是我追求的教育梦想吗？我甚至开始质疑，自己适不适合当老师。

反思良久，我坚定了做一名好老师的决心，我不甘心面对这“一地鸡毛”的生活，立志要把这“一地鸡毛”扎成漂亮的“鸡毛掸子”。

工作第二年，机缘巧合，我被派到市直学校任教一年，开始了城乡交流的教育生活。这一年，是我教育生活的转折点。

这是一所大学校，教师人数多，办公室文化更多元。在这里，我遇到了齐鲁名师于青老师，并成为她的徒弟。

于老师给我推荐了不少班级管理方面的书籍。在阅读中我找到了班级管理的大智慧：学生是班集体的主人，学生不是“被管”的，而是“被激发”的；活动育人胜过千言万语的说教；培养班干部，营造民主的班级氛围，实行班级自主管理……曾经“一地鸡毛”的班级管理状态真的改变了，我看到了“鸡毛掸子”上每一根闪亮的“鸡毛”。

我加入了学校的“三人行”班主任团队。在于老师的带领下，我们每周开展班主任论坛，并梳理班级管理中遇到的难题，再由有经验的“老班们”为我们解答。思维在碰撞，思路在打开，在优秀的同行教师身上，我们看到了榜样，看到了近在咫尺的美好希望。

在于老师的鼓励下，我开始了阅读与写作。每月读完一本书，每周写篇千字文，教学因读写变得生动，“一地鸡毛”的状况也有了新的转机。“设计巧妙”“能抓住课堂的生成点”“大问题贯穿整节课”等这样的课评让我看到了自己在语文教学中的亮点。不断地反思，不断地记录，我这个“菜鸟”的教学有了极大的进步。

我开始尝试制定个人发展规划，寻找个人发展优势。这一年，我考取了二级心理咨询师，并开始尝试把心理学知识运用到教育教学中。

时光荏苒，十余年过去了，如今，我教学成果颇丰。我获得了区级优秀教师、教坛新星的荣誉；我设计的“运用卡牌技术开启语文学科”课程荣获区一等奖；我运用心理咨询技术帮助个体学生成长，多篇文章在国家级、省级刊物上发表；我关注学生心理，尝试开展性教育课程，赢得了学生的一致欢迎。我的课堂注重活动体验，注重培养学生的高阶思维，而且变成了自己喜欢的模样——幽默、风趣、好玩。而这些，不都是曾经的“鸡毛”扎成的吗？

从“一地鸡毛”到“鸡毛掸子”，我曾想：如果没有这一年的交流学习，我会这么快地踏上成长的快车道吗？答案是否定的。当然，生活没有如果，一切安排都是最好的安排。外在的推力固然重要，可我们内心的成长需求更可贵。

成长的渴望加上行动、反思，每个老师都具有把教育生活的“一地鸡毛”扎成“鸡毛掸子”的魔力！

师爱不是一场单恋

◎崔馨兮

作为老师，最常听家长抱怨的一句话就是，“我们这个孩子家长和他讲已经不听了。但是你们老师讲的话有用的，老师帮我们管严一点”。听到这样的话，身为老师的我能够体会到家长的无奈，同时也感受到了教育的艰难。学校教育在孩子一生当中所占的比例非常有限，孩子在世界观、价值观、人生观方面出现了问题，其原因是多面的。其中，最直接、显性的反映就是生活、学习中的行为与习惯有了较大的偏差。要解决学生在生活与学习中出现的这些问题，需要时间、空间的濡染，更需要持之以恒的教育实践。教育绝不是一场自说自话、自怜自爱的单恋。教育的爱是一种智慧，它来自教师的爱心也源自教师的自省。

高一刚刚带班时，我做一切都小心翼翼，生怕班级学生在纪律和行为规范上出一点差错。因此我狠抓班级的卫生、纪律、校服穿戴等基本规范问题，经过一段时间的治理，科任老师们对我们班的评价是：学生很乖，班里很安静。我自以为我的教育初见成效了。

但是一次次的考试成绩却给了我不小的打击。这个纪律良好的班级，为何次次考试成绩都年级倒数呢?

反思是痛苦的，也让我更为清醒。对于班级管理我事无巨细，事必躬亲：大到班会课的策划组织，小到实践活动汇报、学生讲稿的润色，结果是感觉效率低、事情多，我累得够呛，学生对班级事物的参与度和积极性却很低。另外，我总是板着一副面孔，和学生距离太远，很少单独找学生谈心，关心他们学习和生活的进展。“亲其师，信其道。”如果学生不爱、不尊敬一个老师，怎么能指望他们会“买老师的账”，更别提信任、服从这个老师的管理和教导了。

反思是有效的。在高二接手新的班级后，我努力地做一个思考的行走者。做一名智慧的班主任，就必须在实践的土壤里，在审视自己的过程中，不断学习反思，不断深入研究，完善自我，超越自我。直面缺憾可以使自己更加真实，反思缺憾可以使自己更加完善。我想改变以前“拒学生于千里之外”的做派。而建班不久后的一场运动会，就给了我一个很好的机会。

以前的我，希望班级在各种比赛、评比中取到好成绩，所以只把荣誉挂在嘴边。现在的我，同样想取得成绩，但我更想学生能通过比赛，体验拼搏的乐趣、体验班集体的温暖，从而让这个刚刚组建的班集体提振信心，增强凝聚力。

运动会之前，我先组织班委开会，征集全班同学关于运动会安排的意见。争取做到“人人有事做、人人有责任”，充分发挥集体的力量，而不是我一人包办。从运动会入场式的创意策划、编排，到服装的采购、音乐的选择，我都给予负责的班干部足够的信任。但我“放手”却不“撒手”：凡事都由他们商量着办，而我只是在他们需要的时候给些意见，指明大方向，并且在正式表演前一天和同学们一起走台、排练，给他们打气加油。正式比赛之前，我还收到文艺委员妈妈的微信，说这个小姑娘为了班级表演的服装，在家里忙活到大半夜呢！我想，班干部也需要在培养中用，在用中培养。给予孩子足够的信任和鼓励，相信他们会交给我最满意的答卷。

而在大集体之中，我关注每个孩子的特性。因为他们是活泼泼、有个性的高中生，他们有他们自己的喜怒哀乐，他们会紧张、会慌乱，也会自卑。所以这一次，我更多地对他们说：没关系，放轻松，我在终点等着你们。

你会发现，当你设身处地想学生之所想，学生也会自发自愿跟随你，用自己最大的努力、最优的表现来回馈老师的关心和爱护：咱们的班长比赛场场不落，忙前忙后为运动员加油、递水甚至陪跑；几个男生自愿留下来打扫卫生，保证了赛场的整洁；就连平时看似调皮捣蛋、玩世不恭的那个男生，为了班级荣誉摔破了膝盖还奋力跑完了400米接力。他们都让我感觉到为人师的快乐，感受到作为高二（10）班这个集体一员的快乐。

集体舞比赛的前夜，在操场的夜灯之下，全班同学紧紧围成一个圆，静静地聆听年级组长提出的中肯意见，熟记舞蹈教练指出的动作的不足，一遍又一遍地排练。孩子们虽然面有疲惫之色，却没人抱怨。当我听见班长用几乎沙哑的嗓音喊出班级口号，全班同学也都尽力呐喊时，我感受到了一种东西——班魂！

原来，师爱真的不是一场单恋。师爱其实应该真正站在学生的角度去思考，设身处地想他们所想，感他们所感，尽可能地走到孩子中间，做一个倾听者、引导者，而不是指挥者、管理者。师爱需要鼓励和引导孩子们走进集体、融入集体，同时用理解、关心和陪伴唤醒孩子心中对老师的信任和自发自愿的追随，才能展现出意想不到的力量。

四分之一块月饼

◎高风英

记得刚参加工作的时候，我在一所农村中学担任初一（2）班的班主任。班里有一个男生，国字脸，浓眉大眼，虽然很瘦，但身材挺拔，在大多矮小的初一新生中有鹤立鸡群的感觉。可他不爱说话，喜欢哭鼻子，为芝麻粒般的小事就哭个不停，这一点我真的不喜欢，甚至有些讨厌。

中秋节放假的时候，我布置了一篇以“难忘中秋夜”为题目的作文，真没想到，他的作文竟深深地打动了我。

他在文中说：“自从父亲去世以后，我们家过中秋节最好的奖赏就是母亲给我和双胞胎弟弟每人一个月饼。今年特殊，母亲给了我俩每人两个。我俩就像提前商量好了似的，不约而同地用小刀把每个月饼平均分成四块，然后从每个月饼中拿出一块，正好凑成了一个完整的月饼，我们用报纸小心地包好，珍藏起来留给15岁就出去打工的姐姐，让她回家的时候吃。然后我俩又从每个月饼中拿出一块凑成一个月饼，送给正在和面蒸馒头的母亲，母亲用满是白面的手夹起一块幸福地品尝着……夜深了，一对农家小兄弟正在发奋读书。”

读到这里，我百感交集，说不上是感动还是自责，忍不住伏案失声痛哭，泪水滴落在孩子的作文本上。我被孩子的懂事所感动，我为自己的粗心大意、误解学生而自责。冷静下来，我想这个高个男生经常哭哭啼啼，不爱说话，像个柔弱的小女生，是不是家庭困难的原因呢？可从字里行间来看，他很懂事、很坚强。

下午放学后，办公室空无一人，我把这个男生叫到办公室里，我必须要和他进行一番长谈。当我小心翼翼地问及他经常啼哭的原因时，他怯怯地伸出右手。我定睛一看，天啊，他的右手中指竟然少了三分之二！出于一种母性的本能，我一把拉住他的手，泪水止不住地掉落。我问他到底怎么回事。他告诉我，他小的时候和村里的小伙伴一起去山上砍柴，结果被同伴不小心砍掉了右手中指。家人带他到医院接指，但医生没给接好，最后烂掉了，变成现在这个样子。他本来就很痛苦，可是同桌还老是取笑他，他怕其他同学都知道了，自己没脸在学校待下去。他还告诉我，他有时候真想回家帮妈妈干农活，妈妈说过，他们哥俩谁学习好就供谁读书，家里只能供一个人上学。

夕阳的余晖透过窗子斜照进来，秋日暖阳柔和地照着我和他，我一直握着他的那只手，给他讲了张海迪、海伦、卡耐基等名人的励志故事，鼓励他正视自身和家庭的现实，做生活的强者，活出自己的精彩。最后我问他有没有人生的理想，他说："我想当一个好医生。"我说："你很聪明，只要好好学习，你的理想一定能实现。至于同桌的嘲讽，这是他不懂事所为，没有体会到你的痛苦，我会委婉地教育他以及其他同学，让他们都要学会尊重别人，做一个善良的人。至于家庭困难，现在学校办学条件越来越好，有特困生补助，还有各种捐资助学的社会慈善机构。你只管抬头挺胸，努力学习就行……"

后来，我给他调换了座位，让他坐在身体右侧靠墙的那一边。这样他无论是用右手写字还是举手，都不容易被别人发现。

慢慢地，他不再悲悲戚戚，变得阳光开朗。他不仅学习成绩遥遥领先，各项活动也都有不俗的表现。在学校组织的一次读书演讲比赛中他获得了第一名；在班干部竞选中，他也以绝对优势当选为班长。后来，他以优异的成绩考上了医学院，实现了当医生的理想。

第二学年，根据学校安排，我不再教他们这一级学生了。在中秋假期结束后的第一天，我在去办公室的路上，他突然追上我，塞给我一个纸包，里面是一个圆圆的月饼。我还给他，让他留着自己吃；他执意要送，态度坚决。看他一脸诚恳的样子，我也不想让他为难，只好收下。

虽然这只是一个再普通不过的小月饼，可我觉得这个凝聚了学生深情的月饼却有别样的分量。拿回办公室，我用同事的小刀，小心地把它切成了四块。我拿起了其中的一块，吃得很慢，很香，我似乎从来没有吃过这么好吃的月饼。我把其他三块分给了同事，并给他们讲了这个同学的故事，他们听了都喟叹不已，并把月饼还给了我，建议我把月饼再送给那个同学。于是，我把剩下的三块月饼和自己从老家带来的两个月饼，以及自家种的一捧红枣仔细地打包，在那天下午放学后把他叫到办公室送给了他。

真的，当年的那四分之一块月饼一直甜在我心里，甜到现在，芳香了流年，让我倾情陶醉于天底下这“爱”的事业，甘之如饴。

你必点燃我的灯

◎汪　琼

相识是一种缘分，是美丽的，也是动人的。我和初一（8）班的相识，缘于那次为分配班级而组织的抓阄活动。我清晰地记得，当我抽到H号，拿到相应的学生名单时，那一连串可爱的名字映入我的眼帘，使我对名单上的孩子充满了期待，仿佛就要与梦中情人相见一般！在与新生见面那天，我精心打扮，拿着新生名单跑到操场，迫不及待地去与他们相见。当时，我清晰地感受到自己激动的心在怦怦直跳。我见到他们时，竟然害羞起来，不敢直视他们。在读名单时，我抬起头，仔细端详那一张张充满阳光的脸和纯真的眼神，一个想法油然而生："这些学生真棒！我真的很喜欢这些学生！"之后，给同学们发校服时，由于天气炎热，有些同学受不住了，我就让他们把装校服的纸箱子撕成片，当扇子用。同学们虽然没说什么，但脸上挂着微笑。我知道，同学们感受到了我对他们的关心。这一切，在旁边的家长也看到了。有一位家长跑过来，对我说："王老师，我相信您是位好老师，把孩子交给您，我真的很放心！"听了这话，我竟然感动得傻愣在那儿。是的，那时仿佛妈妈抚摸着我的头发，我的心都几乎要融化了，我觉得我是世界上最幸福的老师！那种幸福的感觉围绕在心田，久久没有散去，而我也不想让这种感觉散去！

当我把同学们领回教室，开始相互介绍时，我欣喜地凝望着那一张张朝气蓬勃的脸，真的不敢相信这些学生从此将跟随着我，成为我的第一届学生了。想到此，我不禁热泪盈眶。同学们看到我这个样子，露出了疑惑的表情。我深情地对他们说："同学们，你们知道吗？你们是我的第一届学生，所以，我非常珍惜你们，发誓要好好陪伴你们，教育你们，让你们每一个人都快乐成长，成为社会有用的人。当我工作20年、30年，直到我退休时，你们早已成家立业，到那时，我的最后一届学生和你们相聚一堂，共同见证我为教育事业奉献一生的光荣历程，那将是多么神圣的时刻！到那时，我可以很骄傲地说，我这一生没有白白度过。当我桃李满天下的时候，我将实现自己最大的人生价值！"听完我的话，同学们都可爱地眨巴着眼睛，鸦雀无声。

我知道，同学们被我打动了，我开始走入他们的心田了。在接下来几天的札记中，同学们纷纷向我表白。有的同学说："我的班主任叫王美珍，是一个研究生，漂亮年轻、和蔼可亲，对我们总是微笑，处处为我们着想。"还有同学说："我们的班主任是一个漂亮的老师，有一双大眼睛，金黄色的头发。她从不骂我们，对我们很好，所以，我们一定要好好学习，不辜负她对我们的期望。"还有的同学说："在这里，我遇到了我的初中班主任王美珍老师。王老师不仅人长得好看，而且为人和善，善良体贴，像我们的妈妈一样，关心着我们，爱护着我们。她就像一把保护伞，不让我们任何一个人受欺负。"

我们就这样相识了。相识是为了更好地相知，像恋人一样相处，慢慢相互了解，走进彼此的心。在相知的过程中，我试图了解每一个学生的个性、学习基础、学习方式、特长等，慢慢摸索适合同学们的管理方法。同时，同学们也逐渐认可了我的教育理念，理解了我对他们的爱心、关心、耐心、真诚之心，从而深深地信赖我这个班主任，把我当家人、朋友。这样，我们师生关系更加融洽，相互信任，相互依赖，相互促进。

在相识后，为表达我对同学们的心意，我悄悄为同学们准备了礼物。虽然还没有发工资，经济上有点拮据，但是，想到要给同学们一点惊喜，我舍得。经过精心挑选，我买了30多个小兔子，并给每个学生都写了一段话，装在包装袋里。正式开学的第一天，我拿着这些礼物，送给每一位同学。孩子们都双手接过我的礼物，脸上露出激动、欣喜的表情，每个人都向我深深鞠躬，表示感谢。大家回到座位，都迫不及待地打开包装袋，看看我给他们写了什么话。我发现，同学们看到我给他们写的话，一个个发出会心的微笑，就像恋人收到礼物一样惊喜。就这样，又拉近了师生的距离。

然而，相知的过程并非总是这样顺畅，其间也有磕磕绊绊。然而，正是这些磕磕绊绊的经历却使我们彼此更进一步加深了解。同学们也更加信任我、尊重我，更加喜欢我这个班主任。同学们会在自己的札记中记录下我们相处的点点滴滴，让我深受感动。有一位同学这样写道："今天我在军训中没有遵守纪律，受到了教练的批评。我非常难过，感到给初一（8）班丢脸了。但王老师一直鼓励我，让我重新振作了起来。我在暗地里下定决心，以后决不再给班级抹黑，一定要为初一（8）班争光，让其他老师刮目相看。"另一位同学在札记中是这样说的："我很高兴，遇见了一位好老师。下午我们跳绳的时候，有一位男同学没有好好跳，被老师发现了，老师就点了我们班的名。然而，在休息的时候，王老师知道了，却只是把那个同学叫到一边，单独提醒了他。这就是我喜欢王老师的原因。如果是别的老师，一定会把同学当场教训一顿，甚至会罚他到主席台上去跳绳。可我们的王老师不是这样。她没有当场批评同学，只是在休息的时候，没有外人的时候，个别提醒那位男同学。这让我觉得，我遇到了一个好老师。更让我感动的是，王老师说，如果我们班同学因为犯错，被罚到主席台上去，她会和我们一起上去，一起接受惩罚。王老师真的将我们当一家人看待了。”看完同学们的札记，我明白了一个道理：你对学生好，学生是知道的，而且是懂得感恩的。孩子的心灵是最纯净、最善良的，却也是最脆弱的。所以，要对他们细心呵护，以真诚对待真诚，这样，才能让他们真心爱你！

就这样，我和我们班的学生逐渐相知、相依，相互信任。为了让同学们知道我时刻与他们同在，同甘共苦，荣辱与共，在军训期间，我每天和他们一起晒太阳，结果被严重晒伤。但是，一切都是值得的。在班级汇报表演时，我们班取得了一系列荣誉。我们师生关系非常融洽，其乐融融！而且，我还受到了家长们的一致好评。我至今还记得，在军训时，有位家长跑到操场，对我竖着大拇指说：“老师，孩子们都很喜欢你，你真牛！”

经过一段时间的相处，无论是学生之间，还是师生之间都亲密无间，我们成了相亲相爱、欢乐多多的一家人。所以，班级的每一个人都会尽心尽力为建设班级大家庭贡献自己的力量，力争把我们这个新组建的家庭,营造得温暖、团结、阳光、幸福。

我们一起设计我们的班徽，构想班训、班级口号。我们8班到哪里，班徽就在哪里，班级口号就回响在哪里。我还自己动手，为我们班创作班歌。无论遇到何种情况，不管是喜悦、成功，还是挫折、困难，我们都唱响班歌，励志前行！另外，我们还评选班级明星、进步之星，设立了学生作品展、作业公示栏、心语心愿栏、图书角、公告栏、自省栏。我还自己花钱买了花、海星、相框、遥控盒、折叠箱等。经过师生共同努力，我们这个家庭变得越来越温馨了。家里的每一面墙似乎都会说话，述说我们相识、相知、相爱的过程，告诫我们要团结、勤奋、阳光、创新、拼搏！

为了总结我们这个家庭的建设成果，我们别开生面地举行了一次“班级文化建设小组成立大会暨班委正式任命仪式”。那天，校领导和家长委员会的成员都来参加这个仪式，学校还安排了摄像师为我们记录活动的盛况，并在学校各处的电子屏幕滚动播放。

同学们团结了，家长们认同了、感动了，学校也放心了！其实，班级管理确实很累，操的心很多、很细。但是，只要拥有一颗热爱学生、忠于教育的心，你就会乐在其中，并能时时迸发出教育管理的智慧火花，享受到恋爱般的感觉，每天精神焕发，幸福洋溢在脸上，感动荡漾在心田！

第二章

班级管理的艺术

教育是件细活，既需要眼力也需要腕力：需要像做针线活那般的眼力，穿针引线，细针密缕；也需要果敢、强劲的腕力，让教育温润而不失严厉，细腻又见宏大。这样的教育，方得始终。

对学生要“冷处理”，更要“热应对”

◎陈　娟

过去的乡村里曾经活跃着许多“小艺人”，铁匠便是其中之一。在村落的一处空闲地里搭起一个简易的凉棚，将炉灶一支，光着膀子的铁匠就“叮当叮当”敲打起生活的节奏来。最激动人心的场景便是将那经过一番锻打的通红工件，猛然间往水盆一浸，“刺啦”一声响，就冒出一团“蘑菇云”来。后来知道将工件“刺啦”一声浸到水里的过程叫淬火，也称“冷处理”。这种冷处理可以增加工件的机械性能和规格的稳定性。

公共关系上的“冷处理”基本类似于铁匠们的“淬火”，就是将处于“火头上”的人和事冷却、搁置起来，静静地、冷漠地对待。冷处理的方法运用源于何时，不曾考证，但至少孟子早有论述，他在《孟子·告子下》里曾这样说：“教亦多术矣。予不屑之教诲也者，是亦教诲之而已矣。”意思是说，教育别人也是有多种方法的，我不屑去教诲他，不理会他，这本身就是对他的一种教育方法。

据说，明朝有一个叫作赵豫的官员就实践这一理念。在他任松江太守期间，遇到有民事纠纷的人来击鼓告状，他不是马上升堂断案，而是用轻描淡写的“明日来”三个字打发他们走。原因是，人往往在气头上争一口气，难免不冷静，回家待一晚上，消消气，去去火，说不定就会反省自己，互相谅解了。原来太守的“明日来”断案法，就是创造一个冷却和缓冲的机会，避免了火上浇油，真是冷处理的典型运用了。据说效果相当不错，赵豫在做太守15年间，松江一带政通人和。

既然效果相当不错，就有不少的人去效法了。拿我们的教育界来说吧，就有很多学者研究“冷处理理论”，大谈“冷处理”方法对教育的现实意义，形成了一套一套的理论体系。很多教师也纷纷撰文介绍经验，谈论如何巧用冷处理法教育学生，方法也是一堆一堆的。是呀，既然用暴力直接终止发泄、犯错的学生是不提倡的，用讲大道理的激情方式教育发泄、犯错的学生是效果不佳的，那么处于中立方式的“冷处理”就倍受大家推崇了。

然而，唯物主义辩证法认为，任何事物都是相互联系、相互影响的，用任何割裂的方式、方法对待问题都是片面的。也就是说，任何方法的实施都不是一个孤立的过程，都是“方法链”上的一个“结点”，也都有个前因后续，不能独立地操作和运用。只有这样，处理问题才更有连续性和完整性。但是，我们发现，无论在老师们的具体操作中，还是在经验材料的论述里，对冷处理方法的阐述与操作都多多少少有些单一化，也就是说仍然处于对这种方法的孤立运营上，大多是简单地、草率地进行了冷处理，而忽略了冷处理之后的应对环节，较少顾及冷处理后学生的认知程度、心理感受和负面影响。

那么，教师应该如何操纵“方法链”，做好冷处理后的后续工作呢？“热应对”的意义和方法又有哪些呢？

首先，“热应对”是阻止坏情绪蔓延的好办法。

人人都有情绪，孩子更是如此，并且孩子比大人更缺乏调节情绪的能力，当愤怒、恐惧、悲伤、厌恶等消极情绪出现时，一些孩子经常以哭闹、打滚、破坏等各种极端的方式和不可取的行为进行宣泄。很多老师在安慰无效的情况下，经常利用以静制动、以冷制热的冷处理方式，扔下一句“让他泼，都别管他”一走了之，让孩子自己恢复，自我疗伤。实事求是地说，这对于那些“不喜欢吃甜枣”的孩子确实也会起到很大的作用，他们在发泄一阵坏情绪之后，发现周围没有理会他的人，自然就感到孤单和无趣，也会慢慢终止发泄。老师再见到他时，又是一个欢笑的脸。大功告成！

这样的情形，自然是令老师们欢欣的，你看看，真是此时无声胜有声呀，不废一句口舌，不动一拳一脚，更用不着怒发冲冠大伤肝火，孩子的坏情绪就自燃自灭了。岂不是太划算了？这真是一种最简单而又最有效的管理方式呀。但是，我们的老师应该注意了，如果我们的方法如此简单，如此浅尝辄止，如此不懂得延伸，那是对孩子的健康成长很不负责任的。

能不能这样说：冷处理就是对孩子心灵的“冷惩罚”。孩子有了坏情绪，是最需要得到温暖和别人帮助的，但恰恰就在这时，我们却给了他最冷酷的“待遇”——远离他，孤立他。冷处理的过程就是孩子心灵备受煎熬的过程，他的心是冷的，他的情绪是低落的，他的态度是消极的，并且随着冷处理次数的增加，孩子的这些消极影响也会随之加强，甚至对人与人之间友好情感的建立失去信心。从另一个层面上说，孩子情绪的发泄没有得到老师们的干涉，更没有得到老师们的正确引导，这就从侧面给孩子一个误导，让他们认为自己发泄坏情绪是正确的，这种方式是“克敌制胜”的，就为以后这种消极方式的“再现”提供了可能性，进而成为一种习惯继续延续下去。

退一步说，假设冷处理的方法是可施的话，那可施点应该在冷处理之后的“热应对”上。孟子说：“尽信书，则不如无书。”我们也可以这样说，尽信“孟”，则不如无“孟”。比如他说的“教亦多术矣。予不屑之教诲也者，是亦教诲之而已矣”就很值得怀疑，怀疑在这样冷处理之后的后续工作是否跟上了。“不屑”之后，是否安抚孩子的消极情绪？是否让他明白了为什么对他“不屑”，应该怎样克服让人“不屑”的缺点？达到下不为例而让人“屑”，这才是教育的终极目标，才是对孩子真正负责的明智之举。

话题又回到上面提到的孩子情绪的宣泄上来。我们认为，让孩子表达和宣泄坏情绪，但并不足以赶走坏情绪，看似风平浪静其实是波涛汹涌，他的“情绪脑”仍在不停运作。我们在允许孩子适当发泄坏情绪的同时，还要教给他们合理的情绪管理方法，让他们以合理的方法排解，“情绪脑”才能彻底过渡到“理性脑”，理性地审视自己情绪产生的全过程，并且认识到这样做所产生的不良后果，检讨自己的错误，以后尽量控制“坏情绪”。

这样的过程，全靠冷处理之后的“热应对”，以真诚的情态向他们讲清“热道理”。比如在冷处理完成之后，老师可以这样心平气和地说：“我知道你心中有烦恼、憋气，所以允许你发脾气，直到你平静为止，这也是我当时不理你的原因……”在这样的沟通中，孩子自然会体会到老师其实是关心自己的，不是真正地冷漠他，甚至是逃避他，同时也会收敛自己的情绪结。然后，再向孩子讲清楚情绪管理的方法，让孩子找到另一种替代宣泄的方式。比如，可以这样教育孩子：“允许你发脾气宣泄内心的不快，但是并不是说就认可你哭闹、打滚、破坏、打骂等方式，这种行为是不正确而且是十分有害的，气大伤身不说，还会破坏团结，严重影响你的形象，对你完美人格的建立起到了消极的作用。假如老师情绪不好，也这样打你、骂你，你的心情会愉快吗？情绪低落的时候，可以运用心理转移法，去想快乐的事情，或者出去走一走、跳一跳、蹦一蹦、唱一唱、聊聊天都是可以的。路有千条，宣泄情绪的方法也同样是呀……”这样开诚布公、和风细雨的“热道理”，一定会让孩子心智大开，心服口服，尽快寻找到宣泄情绪的好方式、好方法，不让消极情绪恣意蔓延，从而成为一个心智健全的人。

其次，“热应对”是化解学生之间矛盾冲突的好办法。

勺子总会有碰到锅沿的时候，牙齿总会有咬着舌头的时候。道理是同样的，孩子之间也总会有出现矛盾的时候。当然了，这些矛盾主要是因一些鸡毛蒜皮的小事引起的，原因种种，矛盾微微。但孩子毕竟是孩子，克制力没有那么强，宽容度没有那么高，总是拿着芝麻当方瓜，把小事当大事，感情用事，惹起诸多的事端来。烦不得，恼不得，孩子毕竟是孩子。可能是在课间里，别的孩子都玩得老开心，却偏偏就有几个打将起来，老师要么路过正看见，要么得到消息跑过来，看看事态并不大；也许是太司空见惯，磨炼出了惰性心理；也许是忙得不可开交，懒得去处理这等破事……总之，老师抡几下眼，吼几声嗓：“一个巴掌拍不响，屋里去！”孩子顿时住了手，撒腿跑掉了。“战乱”暂时平息了，“挑衅者”洋洋得意，“受欺者”垂头丧气。

这种情形，也算得上是冷处理了。自然地，老师们也会暗中窃喜：你看看，我的威力大不大？一个怒目，一声断喝，“结果”了一场硝烟弥漫的战争，“不战而屈人之兵”真乃上策呀。但是，我们的老师应该注意了，如果我们的方法如此浅尝辄止，如此粗暴简单，那是对孩子的健康成长很不负责任的。

情形应该是这样的：鉴于孩子们对老师的惧怕或者尊重，双方虽然暂时结束了有形的“战争”，但是，他们心中的隐形“战争”并没有结束，“挑衅者”意犹未酣，“受欺者”心有不甘，各自的心里都在憋着一股劲，一个要继续完成“欺压”任务，一个要寻找时机“报仇雪恨”。在老师忽略了冷处理后的抚慰与安抚的情形下，时机一旦成熟，很可能会死灰复燃，硝烟再起，另一场更可怕的“战争”会悄然而至，后果将不堪设想。

由此看来，我们也该怀疑“明日来”太守赵豫的做法了。他用“明日来”的处理方法对待民事纠纷，看似省心省事，但是偶尔运用尚可，如果总是这样下去，未免显得草率，有不勤政之嫌不说，也未必能把所有的问题解决好。也许大多数当事人回家待一晚上，消消气，去去火，说不定就会反省自己，互相谅解了；但未必都是这样的，很多反思能力差的当事人，回去之后也许不会消停，矛盾还有继续升级的可能。因为，太守没有冷处理后的“热应对”，后续的教育和安抚工作没有跟上，发生怎样的变故都是不可知的。

所以，我们还是说，假设冷处理的方法是可施的话，那可施点应该在冷处理之后的“热应对”上。这个“热应对”是化解矛盾冲突的好办法。比如，太守冷处理完之后再修书委派当地乡绅做一番暗中调和，或者几天后派手下暗中调查，了解真相，探明实情，如果矛盾仍然不得解决，也好有个补救措施。对学生也是这样，千万不要认为冷处理就是解决问题的终结，恰恰相反，冷处理只是解决问题的初始，后续工作至关重要，忽视不得。冷处理就像放风筝，可以高高地飞向天空，也要有随时可以把它们收回来的能力。能不能把握好这个火候，根本还在于对孩子真正的爱心上。

冷处理之后的“热应对”方式种种，要么和风细雨讲道理，暖风医病草；要么换位思考摆事实，真诚感化；要么直言不讳谈危害，纠错规行……冷处理后的“热应对”方法种种，要么面对面谈心，促成心灵交融；要么通过电话、微信交流，消除误解；要么通过书信交换看法，化解矛盾……方式、方法因人而异，适时变通，不求千篇一律；各种方式、方法既可单独使用，又可合并运行。

冷处理是一种教育技巧，“热应对”是一种补救艺术。具体操作中，要掌握好冷处理的力度，既不可太重又不可太轻。还要把握“热应对”的时间，时间既不能太长也不能太短，时间过长，孩子就容易变得麻木和无所谓；时间太短，又不能让彼此的情绪获得足够的恢复。

冰心说：“世界上没有一朵鲜花不美丽，没有一个孩子不可爱。”“精彩极了”是一种爱的表达，“糟糕透了”也是一种爱的体现。出于爱，表面的冷也是温暖；没有爱，表面的热也是造作。

教室中间的那个座位

◎张家海

当教师的，经常会去别的班级或者外校听课学习。或许是习惯成自然，每到一个班听课，我都会有意无意地关注教室里的许多细节，包括座位的编排样式。

那天，教科室又安排听课评课。我走进教室，在后面坐下。我发现这间教室有些不同：全班座位每6人一组，围成了一个长方形，而方形的正中还单放了一张座椅。看着这样的布置，我不禁有些好奇。

趁着学生们正讨论，我悄悄地问旁边的同学："班上的座位一直都这样摆放吗？"

"是啊。"他很肯定地回答我。

"那——为什么要这样放呢？"我指着正中那个座位追问道。

"哦，这个啊，这是我们班主任郑老师特意安排的！"他笑着对我说，"因为我们班上共49个人，是单数，所以就把多出来的一张椅子放在中间。"

为什么要单独把一张座椅留在教室中间呢？我依然不明白。由于是在上课，我没有继续往下问。

下课了，听课老师陆续离开了教室。跟着走出教室的我，总觉得有个疙瘩梗在心口上。于是，我去办公室找到了郑老师："您怎么想到要把落单的座位安排在教室的中央？”看着我一副好奇的样子，郑老师乐了起来。

从与她的谈话中了解到，因为班上学生是单数，多出的那个座位不管放在前排还是放在后排都觉得不够整齐，而且坐这个单座的同学，时间长了，会渐渐被孤立，尤其是一些性格本来就内向孤僻的孩子。放在中间，尽管是单座，但能前后左右都“逢源”，就不会显得太孤独了。

好个郑老师，多么有心的班主任啊！总是能想到每一个孩子！可惜在我们身边，像这样时时处处为孩子着想的班主任太少了。

今年秋季开学后，学校开展了一次全校性家访。从走访回馈的信息看，单亲、留守孩子在各班的比例越来越大。这类学生当中，恐怕有不少人对学习已兴味寡淡；而我校作为一个寄宿制学校，学校是他们的第二个家。老师们要做的，首先是让他们找到“家”的感觉。班主任则要当好“第二父母”——接纳、关注、给予，多方营造家的温暖。

班主任工作会上，作为学校中层干部，我把这些情况通报给了与会人员，并向班主任们提出了我的建议。令我感到欣慰的是，会后，大多数班主任都接受了我的建议，把班里一直坐在后面的单座孩子调整到前几排座位，据说还安排了同学对他们进行帮扶。可是好景不长，没过几天再去听课，我发现那些孩子又回到了教室后面的那个“孤岛”上。问及原因，一个班干部小声告诉我：“班主任说他不识好歹，坐在中间那么好的位子，成天不干正事儿！喜欢玩就让他一个人坐，玩个够，省得把别人带坏了！”

不识好歹？喜欢玩就玩个够？远远地，我望见那个孩子，那个正在东张西望、连课本都没打开的孩子，班主任的话再次在我耳边响起。看着他那副“不识好歹”的样子，我也只得无奈地轻叹一声。

在期中考试质量分析会上，那几位班主任振振有词：“学校计算教师绩效都是以学生的分数为依据的。及格率、平均分，那都得看学生的成绩，那几个毛孩子几乎每一科的分数都是个位数，几科的总分也抵不了别人一科的分数，又怎能不对班上综合成绩产生影响呢？再说了，他们大多自打小学就一直是‘三不管’的孩子，我一个班主任这会儿来管他，能起多大作用呢？不是‘瞎子点灯白费蜡’吗？唉，也不是人人都能上清华考北大啊，眼不见心不烦，就让他玩去吧。”

表面上看，好像确实是这么一回事；但是，仔细一想又似乎不是这么一回事！学校，究竟是收好学生还是收差学生？教师，究竟是教好学生还是教差学生？如果学校只收好学生，如果教师只教好学生，我们学校的职能何在？我们教师的教育价值又何以体现？

从教二十多年，也曾经想过为绩效、奖金、荣誉等名利之事随波逐流，但近来却越来越觉得这样的思想和行为失去了教师的本义。作为一名教师，一名“传道授业解惑”的师者，我怎么也理解不了那些班主任简单粗暴的做法，这种“懒政”思想似乎丢掉了什么——那就是职业道德，甚至还有良知。

我常与同事们说，假如我们的学生人人都能得100分，还需要教师干什么？我们当老师的，不正是因为学生的不完美，才有存在的价值吗？学生的成长是多元的，我们怎能仅仅把眼光盯在分数上？教育要培养“全面发展的人”，“全面”究竟包括哪些“面”，我们有过多少思考和实践呢？怎么能因为眼下这个“不完美”的分数而放弃他们——放弃对他们的引领，放弃给他们同样的爱？

“老师，这道题是什么意思？”孩子们正做着当堂练习，我突然被学生的提问打断了沉思。抬起头来，我又看到教室后面“孤岛”上的那个孩子，在我提醒的目光中，他笑着，翻开了面前的课本。

智慧浇灌“双差班”

◎乐　兵

智慧的开场白

与孩子们的第一次见面，我从没有豪言壮语，只是在孩子们期待和挑衅的目光中，默默拿起粉笔，转过身，从容不迫地在黑板上写下一个小小的“兵”字，让孩子们解释。之后，我说：“这是本人的名字。兵者，卒子也，自今日开始，我就成了你们中普通的一员，是你们的兄弟了，请多帮助。”说着，我还会向孩子们敬个军礼。

接下来，我又在“兵”旁边写个大大的“乐”字，让孩子们注音组词。然后，我总结道：“这是本人的姓，很荣幸，它的一个字就作了《百家姓》的两家。我到底姓什么不重要，重要的是希望我的加入能使你们每天生活在音乐里，时时刻刻快快乐乐！”这番自我介绍每次都能赢得孩子们的掌声和认同。

智慧的班会课

第一次班会课，我都会告诉孩子们：“战友们，我既然是你们中的一‘兵’，今天，我们就开一个‘战斗分析会’，看谁是我们最大的

‘敌人’，让我们共同来制订一个‘作战方案’，‘消灭’他们。”自然而然地，孩子们把矛头一致对准了家长，而我会满口答应帮他们“对付”家长，并承诺任何情况下都不请家长，永远不向家长告状。不急于改变因家长对孩子过高要求而产生的对立情绪，先与孩子们站在同一“战壕”，取得孩子们的信任，这样可为以后开展亲情教育扫清心理障碍，让学生先亲其师，后信其道。

智慧的借贷

对那些因成绩不好而常吃家长“皮带炒肉”的孩子，第一次测试成绩出来后，我都会一个个找他们谈话，问他们多少分才能让家长满意，不至于挨打。然后，我就把分“借”给他们——卷面上出现了让家长满意的分数，而真实的成绩只有我和孩子两人知道。当然，分不是白借的，是有条件的，根据孩子学情的不同，我把他们的分数“贷款”分为：“无息贷款”——借多少分下次要还多少分；“低息贷款”——下次考试要超过借的分；对个别学生甚至放“高利贷”——成倍甚至几倍地考过所借的分数。为了监督孩子们的“还贷”情况，我还为每个孩子制作了“借贷偿还诚信档案”，如发现“不变贷款”，我就及时向孩子们发出警告，直至撤销其“贷款”资格。既实现帮孩子共同“对付”家长的诺言，也没有偏离提高他们成绩和能力的教育初衷。

智慧的补差

课余给学困生补课，是最常用的“补差”方式，但效果往往不太理想，既费时费力，又挫伤了他们的自尊心。我把惯常的为学困生补课变成提前学习，每次在课堂讲授的新知识都是学困生已学过的内容，这样，他们在课堂上就不会因听不懂而不听讲甚至捣乱，相反，学困生会因提前学过而对老师提问更加积极地去回答。这样的补课方式，既提高了学困生的学习积极性，又增强了他们的自信心，保护了他们的自尊心，同样为学困生巩固了知识，而效果却比“补差”好多了。

智慧的亲情教育

接班的第一个“三八”妇女节那天，我都会在教室里深情地讲述我那家境贫寒不识字的母亲是如何含辛茹苦地养育我们姐弟4人，供养我读书的艰辛生活。我常常在台上讲得热泪盈眶。台下，孩子们也常常是泪水涟涟，唏嘘一片。放学时，我给孩子们布置一项作业：绘制一组表现你跟妈妈之间发生的最感人故事的连环画。孩子们都会很认真地完成这项“作业”，连环画成了母子（女）的“连心桥”。

母亲节，我会给孩子们布置一项作业——给母亲洗脚，并推荐给孩子们一段与母亲对话的开场白：“妈妈，今夜我什么都不干，什么都不想，就给您好好洗洗脚，就想听听您讲一讲我小时候的故事！”这项“作业”常洗得母亲泪水长流，这番话说得孩子幸福自豪。这种交流感动了母亲，教育了孩子，自然而然地拉近了家长与孩子的距离。

智慧地凝聚班集体

为了培养孩子的集体主义意识，我和他们共同写作《瞧，咱班》的同题作文。为了让孩子发现自己身边同学的优点，我让孩子们写《我身边的同学》，并通过向媒体投稿、办板报、召开主题班会等形式，把孩子对班集体的感情最大限度地激发出来。

智慧地授课

为了体现与孩子们平等的观念，我应孩子们的要求把讲台撤掉，并宣布：孩子们可以随心所欲地坐。时间不长，有些孩子又“得寸进尺”，说想过过上课的瘾，我便顺水推舟，要孩子们与我比一比，看谁的课备得好，谁的课讲得好，就听谁的。孩子们哪里知道，他们又中了我的“圈套”：他们自己要讲课，就必须认真地读课文，查资料，写“教案”，这比让他们预习课文的效果强多了。

对于孩子们最头痛的作文课，我说取消掉，改成聊天会，主题由我与孩子们共同商量确定。师生一块“侃大山”，侃个痛快。侃完后，把所侃的内容写下来就成，并且绝不勉强。因为有话可说，孩子们没有一个不写的，并且越写越好。到毕业时，几乎每个孩子都在报刊上发表过作文，都有自己的作品集，像什么《流金岁月》《我要说话》《我就是我》《成长轨迹》……个个都像大手笔。还有一些孩子写过长篇小说，其中两个孩子合写的长篇小说《玛瑞的生活》还在《花蕾》报上连载了。

据说，即将毕业的这一届孩子准备写本小学生活的回忆录，书名为《我与名师乐兵的生活岁月》，写完后还想请我作序呢！

没想到在他们眼里我竟成了名师，你说我幸福不？

教育的眼力和腕力

◎符建康

从事教育工作几十年，回过头来看，发现这是件细活，既需要眼力也需要腕力：需要像做针线活那般的眼力，穿针引线，细针密缕；也需要果敢、强劲的腕力，让教育温润而不失严厉，细腻又见宏大。这样的教育，方得始终。

乖巧的学生需要泼冷水

我班学生黄丽，在家是好孩子，在校是好学生：她待人有礼貌，对同学也友好；作业工整，一丝不苟，只要老师布置了任务，她都不折不扣地完成，而且质量也很高。她平常的成绩都很好，是公认的学习标兵；但一到大考，成绩就不理想了。我每次询问，她都说："我粗心了。"我感觉不是这么简单，就对她仔细观察，结果发现她虽很要强，却太脆弱了，经不了一点挫折，稍不顺心，就慌了手脚，不知所措。考试时就更是这样，一遇到难题就紧张，越急越烦，越烦越躁，越躁越乱，加上考试时间紧，就垮了，而且还影响后面的考试科目。后来，我让她主持班级活动，做心理小医生，参加社团活动，做值日生，处理学生间的偶发事件，冷不丁还让她受点小刺激。通过一段时间的训练，她的胆子大了，遇事有主见、有办法了，不再慌里慌张，每次考试也能正常发挥了。如果不细细研究，只简单地将她考试失误归结为“粗心”，每次都只是提醒她考试细心点，结果将越来越糟。因此，我们要特别注意在一片表扬声、呵护声中成长的孩子，不能让他们总待在温室中，要让他们走出去，接受阳光雨露、闪电雷鸣，让他们经受自然的磨炼。

老师也要学会认错

我班的朱亚同学，平时英语成绩很好，但一次期中考试的成绩竟然才勉强及格，大家都很惊讶。找他来问原因，他说：“我真的不会。”我感觉这里面必有蹊跷，就把他的试卷拿出来反复查看。结果我发现：他故意把正确的答案擦去，写上错误的答案。他为什么要这样做？我请他过来谈心。我把自己小时候的一段经历说给他听。一次，因为语文老师错怪了我，而且当着全班学生的面讽刺、挖苦了我，我从此就“不替老师学好语文了”。结果中考语文只考了57分。就因为语文成绩不及格，我没能上重点高中。我用活生生的例子教育他，让他开窍。事情果然如我所料。正是因为有一次他和另一位同学作业错得一模一样，老师就批评了他；他不服气，便与老师杠上了。我又找了英语老师，英语老师主动找他谈，做了自我批评，师生消除了隔阂。从那以后，朱亚学习成绩稳步提高，提前被泰州中学录取。

老师不经意的表扬或批评，都会对学生产生很大的影响，在你看来是不值一提的小事，在学生心中就是大事。慎言慎行，对于教师这一行业来说，是有着特殊意义的。

既要有“胡萝卜”也要有“大棒”

有一个在县城某初中读书的远房亲戚的孩子符海，成绩突然一落千丈，升学无望，家长又不甘心，于是找到我，想到我校读书。抱着试试看的态度，我接收了他。到我校后，起先他的成绩也没有多大的起色。我想：智力不差，也还是努力的，是什么原因呢？有一天，一大早进校时，他被人拦在校门外。原来过去差人家网吧的钱未还，人家找上门来了。我正好遇上了，便二话不说，帮他还了所欠的一百多元钱，而且对他说：“这事回家就不用跟父母说了。”他很感激。之后我在食堂里值班，看到他不好好吃饭，便教育他初二学生正是长身体的时候，吃得少，就长不高，形象也不帅。吃下去就是营养，还用红军爬雪山、过草地的故事教育他。我在生活上多次关心他，帮他融入群体。

我给他的不只是“胡萝卜”，也有“大棒”。批评很严厉，要求很严格。他却从不记恨我，而且很信服我。只要是我说的话，他都听；我交办的事，他都做。亲其师，才能信其道；没想到，他后来竟考上了市重点高中。孩子现在已成人，每年回家都来看我，对我很敬重。我始终认为惩戒教育不可少，关键是惩后要“热”，就是思想教育得跟进。不能一味地“冷”，打入“冷宫”，就挫败下去了，说不定就毁了一个孩子。处理得好，事半功倍，成效显著。

在学生知错时选择原谅

一次上课时，王刚在看小说。我走到他面前，把书从他手里拿走，他才反应过来。我把书放在讲台上，继续讲课。下课了，我把他叫到办公室，把书还给他，且说：“《红岩》是一本好书，但以后不要在课堂上看了。去吧！”

王刚感到意外又满怀感激地退出办公室，他从我的眼睛里，没有看出丝毫的恼怒，反而充满一种亲切和信任。从此，他迷恋上了书。

这次对王刚的教育，我的行、言都很少，效果却很好，是什么原因呢？就是因为他犯了错，而且知道自己犯了错，有意悔改。我看出来了，选择了原谅，而不是一味严厉批评。如果此时批评他，在他的预料之中，已有了心理暗示，效果不一定好；我不批评，与他谈书，要他选对时间读，在他的预料之外，反而收到了意想不到的效果。有些事已很明了，何苦就要捅破那一层窗户纸呢？既然“此时无声胜有声”，何不省了这“声”呢？

教育要有眼力和腕力。这就要我们善于观察，从细小的枝节中发现问题。师生之间应从生活的琐事开始建立信任，在学习中，使师生情得以升华。

让“第三个抽屉”自主发声

◎于丽英

我家橱柜有上下并排的三个抽屉。上面那个抽屉高度适中方便拿取，放了每餐必用的餐具；中间那个放了常常取用的厨具；下面那个位置太低，总要蹲下来或者深弯腰才能取到东西，于是便存放着舍不得丢弃的“鸡肋”用品。

不知从什么时候起，第三个抽屉合不上了，总是留出一道缝隙。我就看第三个抽屉有些不顺眼，心情不好时越发觉得那条缝隙简直是败笔，有时故意用脚使劲把它踹进去，可是它马上“滑溜”出来。缝隙越来越大，我也越发不能忍受，向老公发出最后通牒，必须找人来修好它。老公把抽屉拉出来，合上去，认真观察那条缝隙，发现缝隙总是两指宽。老公趴在地上向抽屉深处反复“窥探”，然后用细铁丝从里面钩出17个方便袋。原来抽屉本无罪，全是方便袋惹的祸。老公站在一旁戏语：“可怜的第三个抽屉，无辜承受了多少怒火，只可惜无权‘选择’，无‘口’相辩，无心‘呐喊’！”

是呀，抽屉里放什么，是我这个主人随意安排的。因为我不喜弯腰取物，就对第三个抽屉做了人为的定义，强制设定了它的角色——盛放“鸡肋”用品，并且赋予了这个角色以刻板的印象和情感的定位。当遭遇到问题——抽屉合不拢时，我也懒于付出我的认真和关爱——没有去仔细寻根究底，还肆意发泄着不良情绪，更没有去探索解决之道——只要朝抽屉深处看，问题就一目了然，迎刃而解。

深思我们的教育行为，身边有多少被定义为“第三个抽屉”的孩子。《顶着光环行走的人》中，刘儒德教授提到一则笑话：一位老师发现上课时两个学生在睡觉。老师把差生叫起来批评，说“你看人家（指着成绩好的学生）睡觉时还在看书，你是一看书就睡觉”。人们对他人的认知首先根据个人好恶得出初步印象，然后推测出认知对象的其他特质，这就是“晕轮效应”，也称“光环效应”。“第三个抽屉”的孩子被人为地赋予了“黑色的光环”：因为爱笑爱闹被定义为“多动症”，因为失误导致班级输掉比赛被定义为“关键时刻掉链子的扫把星”，因为羞涩腼腆被定义为“不能挑大梁”或“懦弱无主见”，等等。同时，这些“第三个抽屉”的孩子也常常被人为地推断为消极的角色，如“这个坏事肯定是他干的”“这个事怎么能让他去做呢”“他肯定学不会这个”等。

当这些定义在教师的主观意识潜在化的引领下，被渲染成孩子成长的氛围底色时，是多么可怕。而更可怕的是，当这种定义反馈到孩子自身，形成他自我的心理认知和定位，孩子们自己给自己贴上了“标签”：我就是“第三个抽屉”，我只能盛放“鸡肋”用品。

为庆祝班级在校运动会上获得团体第一名，我为孩子们买来一大包巧克力，下午却发现巧克力不翼而飞。我愤怒地用怀疑的目光掠过每一个孩子，最后定格在班上有“贪吃鬼”之称的遥身上。可是遥摆摆手说自己没吃。班长杰却证明午休时遥在餐厅向值班老师请假来教学楼上厕所了，有机会取走巧克力；而且遥一贯嘴馋，根本受不了巧克力的诱惑。我把赞赏的眼光送给杰，心想：不愧是我的左右手呀。虽然认同了杰的指证和分析，但我还是去向值班老师进行了再次确认，遥确实在午休时回到了教学楼。我问遥到底拿没拿巧克力，遥低着头好半天才说："我让妈妈帮我买，赔老师一袋新的。"然后无论我再说什么，遥都拒绝和我眼神交流。

"案情"陷入胶着状态。

然而到了晚上，我收到杰妈感谢的微信："老师，杰运动会跑得好是应该的，还劳烦您给他买那么一大袋巧克力作为奖励。孩子非常懂事，把巧克力当作生日礼物送我了，都是您教得好，太谢谢您了！"

霎时，我有点发愣。

家境贫寒的杰，一向是妈妈心中的骄傲，要强而好面子，想为妈妈准备礼物。他先是"利令智昏"，接着"栽赃陷害""嫁祸他人"。我为杰保留了他在妈妈心中的乖巧形象："不用感谢，杰的优秀有您的努力，相信杰会越来越好！"来到教室，我把微信给杰看了，杰羞愧地大哭，说不该欺骗老师、冤枉遥，请老师和遥原谅。

遥很漠然。

遥的状态让我觉得更为棘手。我问遥："还生气吗？为什么不反驳？"遥一声也不吭，只是把两只手攥得紧紧的，浑身硬邦邦的。我走到遥面前，郑重地给遥鞠了一个躬，真诚地向她承认错误："老师不该先入为主地怀疑你，这是老师的错。"在我的道歉声中，遥松开攥着的拳头，小声地啜泣起来："我来教室拿卫生纸上厕所，可是没有谁能帮我证明我的清白，因为连老师都不信我，我又生气又委屈。虽然以前我也干过偷吃的事，但这次真的没拿巧克力，因为运动会我也得了奖，我希望从老师手中得到光荣的巧克力。"看着打开心结的遥说出了心里话，我轻轻抱住她，感谢她的原谅，并相约我和她一起重建形象。

我很庆幸，杰妈的微信沟通及时挽救了我的失误，更重要的是挽救了杰和遥两个孩子。试想如果没有这个揭秘的微信，我自行定义的阳光、正义的杰还会继续阳光、继续正义吗？同样，被扣上贪馋、撒谎的帽子，满腹冤屈的遥还能翻身吗？还会快乐吗？尤其是遥，在老师怀疑、同学指认的情形下放弃自辩、沉默以对时，她的心灵枝丫将伸向何方？

教育无小事，是因为任何一个细节关联的都是活生生的人，能成就一个孩子，也能毁掉一个孩子。当教育将孩子进行了人为的定义，泯灭了孩子的灵性和自主性，让他们麻木消极、自暴自弃时，那我们为师者岂不是成了最残忍的刽子手，扼杀了孩子们的明天？

“第三个抽屉”不是差的抽屉，而是有个性的抽屉。教师要做的是让每个“抽屉”都能透过自我认知进行自我抉择——“这是我喜欢的”“这是我能行的”；更要在问题和矛盾来临之际让他们能勇于发言、敢于呐喊——“这不是我做的”“为什么不可以”。当孩子们在我们的教育中能够自主发声，找到属于自己的独特花期时，我想这样我们才不负“园丁”之称。“园丁”不能只盯着培育富贵的牡丹，而要让花园里百花盛放——有春兰秋菊，有桃李芬芳，更有山花烂漫，哪怕是株不起眼的小草，也给予它绿意盎然的空间。

老师们，请不要定义“第三个抽屉”。如果已经定义了，请赶紧丢弃，让我们用包容和尊重为学生能自主发声引航、助力！

小孩儿来告状

◎刘　珂

作为小学三年级的班主任，我经常面对学生的告状。记得刚参加工作，听到学生的告状声，我觉得新鲜，好奇地倾听，耐心地解答。后来，职业倦怠的侵入，让我听到学生的告状声，心里就莫名烦躁，常常快刀斩乱麻式处理。现在，听到告状声，我愿意琢磨琢磨。

不到十岁的小孩子，想法单纯却又各有自己的小心思，这就需要老师有颗敏感的心，愿意俯下身段体会，要“跟孩子一般见识”，用爱心、慧心去回应。

小孩儿来告状，告谁？大都是告同学的状。同学间能有多大点事，好多时候，学生只不过是想来个一吐为快。看，男孩凡气鼓鼓地来到我面前：“老师，我同桌拿我的笔。”他说完扭头就走，回到座位，同桌一句“我跟你闹着玩的”，两人就和好如初。

在繁杂的工作之余，瞧到这一幕，我不禁会心头一乐。

回想好长一段时间，面对学生告状，我心烦不已，冷脸斥责。结果，教与学、师与生的关系总像是处于两条不相交的平行线。师生关系降到了冰点。学生看到我，噤若寒蝉，我认为理所当然。可是，看到邻班师生融洽相处，我又埋怨自己没有分到好学生。

大家都知道，不要戴有色眼镜看学生。道理懂，可做起来不容易。

我向来不喜欢处处显摆自己且斤斤计较的学生，可恰恰班上就有一个这样的女孩彤，事事不吃亏，芝麻大点小事就告状。同桌不小心碰到她了，在她口中就是故意的；她的作业本被划了一下，说是后桌同学故意捣乱；嫌座位窄，前桌同学欺负她……告状的理由层出不穷。

我也知道这样的女孩需要老师的引领，可心底的不喜欢就像心魔一样顽固。直到有一天，在家庭生活中发生的一件小事触动了我。

我公公要去看他生病住院的手足弟弟，我婆婆不同意，理由是之前婆婆住院的时候，公公的弟弟不曾来看过婆婆。此时，我老公说了一句话：看看村里有些人家，他们与亲戚相处像陌生人，这好吗？

老公的一句话，在我心湖轻荡涟漪：这句话没有直接给出答案，却给出了尊重，没有戴有色眼镜下结论，却留下了思考。

生活处处有老师，只要你留心。作为老师，担负着育人的使命，我们更要有一颗包容的心，尊重每一个生命。每个人生活的环境不一样，我们不能奢求每个孩子的处事方式都与老师同频。但是你的善良可以反射在孩子的眼睛里，你的慧心可以折射在孩子的行动上。

《窗边的小豆豆》中的小林校长给我的印象尤深，长达四个小时的倾听，让我叹服。好多时候，学生来告状，表达不清楚，不到一分钟，我就烦意顿生。小林校长的耐心倾听，源自他博大的胸怀，在他鼓励的目光下，学生感受到的是被关注和认可，心灵自由奔放。

想法支配行为。女孩彤再来告状，我的耐心倾听是真诚的，没有丝毫勉强。没有一句“就你事多”让她成为“气球”，而是看向她的眼睛，心里有喜欢，眼里有尊重：“彤，你的学习能力是出色的，我知道你最佩服咱的班长涵，你觉得她遇到这种情况会怎么办？”

不抱偏见，在学生的成长过程中，我们老师要努力做学生的守护者。

现在，依然会有语言表达不清的学生来告状，我边倾听边在心里说：这才几分钟，离四个小时远着呢。相信学生会说清楚的。有意思的是，往往在学生表达清楚的时候，心里的怨气也没有了。

为了满足小孩子告状的需求，我曾给过建议：可以在作业下方简单写出来，老师批改作业时给予答复；如果觉得自己有能力解决就可以不告诉老师，做到的在当天反思录中奖励；也可以在作业超市中选写小练笔，也就是将这件事情叙述下来。而班上的两个男孩，也让我对处理学生告状的事件有了新的办法。

男孩远调皮热情，一天得知有个同学心情不好，伤心痛苦，男孩远用几句话就将同学劝好了。另一个男孩凡，在调换座位时，同桌悄悄走上讲台，跟我说："别把我俩分开，当我不开心的时候，凡总能把我逗笑。"

这两个男孩都有一个共同的特点：精力旺盛，头脑聪明。电视生活帮栏目有调解员，何不在班上也成立一个"巧嘴帮团"，让孩子自己调解自己的矛盾？跟他俩一商量，他俩觉得新奇又不知怎么做。我查找资料耐心辅导，就这样，"巧嘴帮团"正式成立了，在帮团处理告状的过程中，力促正能量，还不断吸收新成员。

巧嘴帮团，让我理解了这句话的含义：人类的一切热情，都是因为他想使生命有意义。必须让他找到一条新的道路，让他能激发"促进生命"的热情，让他比以前更感觉到生命活力与人格完整，让他觉得活得更有意义。

小孩儿来告状，孩儿心里想啥，你说我听！

用心才能看见
——不容忽视的插班生心理

◎涂能吉

一年级，我们班有39个孩子，二年级变成45个，待到三年级，我们班已经55人了。转走了3人，增加了19个人。这19个孩子，转到新的班级之后有了一个新的身份——插班生。每个学期都有一些孩子会因为各种原因转学。他们就像一棵棵小树苗，好不容易在一块土地中生根，发芽，成长，又要被移植到另一方土壤中，重新适应新的环境。刚被移植的树苗，需要更加细心的呵护，因为这时候它们最为脆弱，否则就容易枯萎，甚至消亡。而插班生也面临着同样的问题，他们的成长也需要教师更加关注。

所以，每学期来的插班生，我都小心翼翼，细心呵护，努力为他们营造一方新的沃土，助他们快速适应，健康成长。新生欢迎仪式，是我为每一位插班生准备的见面礼。在欢迎仪式上，我会让新老同学自我介绍，相互认识；我还会微笑地和他们一一握手，然后说："很高兴能成为你的班主任，也许你将会是我最棒的学生，欢迎你加入我们这个幸福和温暖的大集体，未来我们一起成长！"经过这样的欢迎仪式，他们一般都会带着微笑走回自己的座位，端正地坐下，准备听课。

一

然而让我没有想到的是，这次开学有一个例外。我和几位插班生握手后，来到最后一位同学面前，当我说完欢迎词，郑重地把手伸过去时，他却没有回应。我重复了一遍我刚说的话，再次把手伸过去。他依然没有和我握手。我意识到他在拒绝我，他的眼神里充满了不信任。我仔细打量着这位同学：小小的个子，黝黑的皮肤，大大的眼睛里面没有一丝光彩。他垂着头，用极小的声音说："我叫豪豪。"更让我感到意外的是，上课了他居然还背着书包，好像随时都要逃离。我觉得他内心一定是在想：我不属于这里。这让我想起报名时，我第一次见到他就感觉到他的特别。别的插班新生，都是由家人爸爸妈妈或爷爷奶奶带到老师这里报名，而他是一个人来的。那时候我问他，你爸爸妈妈呢？他的头低得不能再低，说"忙"，一脸的慌乱、惊恐。我微笑道："老师欣赏你的勇敢。"因为要接待很多家长，我就没有再与他交谈，只是看到他一直默默地趴在桌子上。

见他迟迟不愿与我握手，我便鼓励他说："没关系，你只是暂时不适应，相信你很快就能感受到我们班级的温暖了。同学们要给他更加热烈的掌声，因为报名的时候，他是一个人来的。说明他是一个独立、勇敢的孩子。"然后他若有所思地回到座位上静静地听课。

下课后我简单地和几位新生交流了一下，便回办公室准备手头上的一些开学工作。这两天因为开学，确实很忙，我也无暇顾及插班新生，只是交代了同学们要多帮助新同学。一天第一节课时郑老师就打电话给我，问：豪豪同学是不是请假了，怎么没来？我们都没有接到他妈妈的请假消息。我立刻打电话给他妈妈。没有人接，我便给家长留言，也没有回音。一上午我打了好几个电话给他的家长，都无人接听。也许是家长太忙，或是有事忘了请假或者生病了？我这样猜想。中午的时候，他妈妈终于给我回了电话，她说她一大早就准时送孩子来上学了，孩子也说上午在学校上了课，现在正在家里吃午餐。我说孩子没有来学校。但他妈妈坚持，她孩子不会说谎。我叫孩子家长带孩子来办公室了解一下情况。若小孩逃课到外面玩，那是非常严重的问题。一来到办公室小孩就说，他上午上了课。他妈妈说，可能走错了班。我问他上午分别上了什么课，他说第一节课上了语文，第二节……说得头头是道，还说自己做了笔记。虽然，我们的课表根本没有他说的那样的课程安排，但我还是对他说："老师相信你，你以后要记住我们的班级位置。因为你是我们的班级成员之一，老师要为你的安全负责。你不在，又没有请假，老师会非常着急。"等我说完他点点头便回教室了。

办公室的每一位老师都说，他没有走错班级，没有在自己班上课。这种情形下，家长很气急，用颤抖的声音说："我孩子是不会说谎的。"为了证明孩子没有说谎，她找学校调监控录像。

没过多久，家长发了一条信息给我："涂老师，我看了监控，豪豪上午确实来学校了，但是他没有进学校，而是一直在学校门口的一个角落里站着，站了一个上午……希望老师替他保密，他以前从来不会说谎……这次你就当他说的是真的，不要揭穿他。"真的是一位非常优秀的家长，懂得保护孩子的自尊心。其实家长不说，我也会替他保密的。没有哪个孩子天生喜欢说谎，每一个孩子说谎，都是有理由的，有时候是为了掩饰内心的一种恐惧。

二

但这件事情确实让我很震惊!是什么让他不愿进学校，而宁愿站在校门外的一个角落整整一个上午？与插班生的沟通非常重要，有的孩子就是特别恋旧，拒绝融入新的环境和集体。长此以往，他肯定不爱学习，并且会产生很多安全隐患。我们在与朋友聊天中也经常听到孩子转学后成绩就变差了、性格变坏了等一些不好的消息。

我决定多与豪豪同学沟通，这首先就要打开他的心扉。在和他妈妈沟通几次过后，我得知他家里最近有一些变故，他爸爸因卷入一起纠纷，入狱了。他妈妈独自支撑着这个家，家里还有三个孩子，又在不同的学校读书，真的不容易。孩子妈妈说豪豪其实是比较听话的，以前的老师也很喜欢他，而且他对数学比较感兴趣。听到这里，我觉得我找到了与豪豪交流的话题。

课间，我特意找他说话："豪豪，听说你二年级数学在你原来的班上是顶尖水平。"他一听就来了兴趣，自豪地说："是呀，我还考过100分呢！""那好厉害，说明思维能力很强啊，语文应该也不错吧？"作为语文老师的我自然会这样问一下。可是他说，他对语文没信心，不喜欢语文。我笑道："你数学这么好，语文肯定不会差的。"果不其然，第一次语文测试考了75分。拿到卷子时他对我说："老师，你看吧。我说的没错吧，我就是学不好语文。"我说："虽然你考了75分，但这并不能代表你学不好语文，不要轻易给自己贴标签，要相信自己一定可以做到的。"之后的语文课中，涉及数字问题，我常常特意问："谁的数学好一点，帮老师算一下。"他反应往往是比较快的，我便借机鼓励他、表扬他。学科之间其实很多时候是相融相通的，我利用数学来带动他对语文的热情。渐渐地，他在语文课上发言的次数多了，也慢慢地开朗起来。他的思维确实也很灵活。比如在学《燕子》这篇课文时，讲到燕子的各种飞行姿态，我提出问题：燕子时而斜飞，时而横掠，翼尖偶尔间沾一下水面，荡出小圆晕，这些动作体现出燕子的什么特点？豪豪同学立刻就说："装呗！"惹得全班同学哄堂大笑。我说："说的也没错，装也要有本事。"于是，我便引导同学们又得出燕子飞行本领高、飞行动作轻盈的结论，带他们一同感受燕子的灵秀可爱。

三

一次体育课，我路过，发现豪豪跑步不错。我与教体育的刘老师交谈过后得知，他其实很有运动天赋，我觉得这又是我和他交流的话题。在午间或大课间，我有时特意组织同学短跑比赛、跳绳比赛。这些项目，他都有很强的优越感，也得到了同学的赞许。以至于他自信心满满，信誓旦旦地说，要拿下学校运动会短跑冠军。结果差0.14秒没有进入决赛，他懊悔不已，却也不气馁，又说，下次运动会一定要给我们班级赢得一块短跑项目的奖牌。听到他这句话，我非常开心，因为他开始有班集体荣誉感了。因为之前他一直说"你们班""你们班怎么怎么样"，现在开始说"我们班"了，真是一个可喜的转变。

我们学校教师午餐可以领一个水果。我经常会带到班上放在讲台上，奖励给上课表现好的同学。有一次豪豪上课确实表现挺好，而我又没带水果，摸到口袋里还有一块我早餐时带的小饼干，下课后我便奖给他。没想到他拿着那块小饼干，隔着包装袋闻了又闻，非常珍爱。这是他第一次得到老师的小奖励。他慢慢地打开包装，拿出饼干，还舍不得咬，舔了又舔。别的同学还以为有多好吃，羡慕的眼神投过一道又一道。

美国心理学之父威廉·詹姆斯说："人性中最深刻的禀赋，是被人欣赏的渴望。"我就希望他能够在这个班级找到自我价值，不断地被肯定、被认可，从而真正融入班集体。

四

但现实并没有那么简单，要他真正融入我们这个班集体，还需要费功夫。他身上还有一股傲气、不屑和冷漠，会不时地散发出来，还会时常拿我们的班级和他曾经的班级来比较，拿现在的老师和他以前的老师对比。这种对比往往又会让他不自觉地疏远我们现在这个班集体。

因为他妈妈非常忙，很多时候会让他家阿姨来接他，或者就让他在保安室等他妈妈来接。我一般下班稍晚，可好几次下班时，我都发现他还在保安室。有一次下起了瓢泼大雨，我在等我爱人接我，离校时快6点，我发现豪豪还在保安室等。我打他家长的电话，又是不通，也许是她工作性质决定的吧。给豪豪妈留了言后，我叫豪豪上车，送他回家。在他下车的那一刻，他感激地说了声："谢谢老师。"听得出来，这是发自内心的感谢。虽然我晚回去近一个小时，虽然我儿子在车上睡着了，但能唤起学生的信任是值得的。

很多次的努力，换来的是现在他会主动打扫卫生，会主动帮老师做事，书写也越来越好了。他的语文成绩，从以前七十多分，逐步提高到八十多分、九十多分，到了期末，他竟取得班级第二名的好成绩。爱是进步的基础。当一个学生爱这个班集体、爱老师、爱上这门课后，他的进步是不可阻挡的。

教育家孙云晓说："良好的关系就是好的教育。"当我发自内心地去欣赏一个孩子，接纳他的不足，包容他的缺点时，一切就没那么糟糕，相反，能发现更多的美好。老师能够改变学生，哪怕一年只能够转化一个孩子，也是幸福的，因为这是教师价值的体现。

愿陪他久坐在屋顶

◎王　建

“老师，杨培不愿意做学习委员，你看怎么办？”

“不愿意！为什么？”

“不知道，估计是——不想耽误自己的学习时间吧。”

从这个迟疑的回答里，我听出陈强的不满。

杨培不想当这个班干部。我安慰了陈强，找来了杨培。当我问她原因的时候，她明确告诉我，怕每天收发作业耽误学习，而且班里有不少同学愿意干，她干不干无所谓。

为了锻炼每一个学生的能力，培养他们对班级和同学的责任心，我在班里实行了班干部轮换制，每两周轮换一次。但如何处理这样的情况，我还没有思考周全。问题有些棘手，却也无法回避。班上学生听说此事后，早已议论开了。

有人说她的做法与班级的价值观不符，说她自私。这个说法，我是不赞同的，必须制止。不管是谁，肯定不能先被扣上“自私”这样的帽子。杨培是一个成绩不错的孩子，就是与同学的关系相处得比较一般。学生不止一次向我反映，杨培喜欢独来独往，不太爱搭理人。这样的学生让她当学习委员，遭到拒绝也不是一件让人奇怪的事。

面对这样的情况，我觉得有必要对杨培进行教育。但，如何进行教育呢？在这种情况下勉强是没用的，而且对杨培这样的女生来说，勉强很可能会适得其反，不但没有教育好她，反而恶化了师生关系。我索性就先答应了她的要求。

问题没有解决，很长一段时间里，成了我的一块心病。但后来发生的一件事却给我创造了教育的机会。有一天，杨培的母亲打来电话，问孩子在学校的情况，从交流中我了解到杨培家离学校比较远。每天她要先乘坐公交车，下车后再骑公共自行车走两里路才能到家。虽然只有两里路，但那段路比较偏僻，冬季天黑得又特别早，一个女生独自回家，家长着实不放心。杨培每天放学到家都比较晚，而她的父母都太忙，比她到家还晚，是没空去接的。

这是一个现实问题，我答应孩子的母亲想办法解决。放下电话，我找来班里几个学生，问有谁家与杨培的家是一个方向的。结果有两个男生，正好与杨培家是一个方向。但这两个男生平时是骑自行车上下学，听说杨培的困难之后，两个男生都爽快地拍了拍胸脯："把送杨培回家的事交给我们吧!"他们决定不骑自行车了，每天陪着杨培先乘公交车，然后一起骑自行车送杨培回家。我看看这两个人高马大的男生，虽说给他们添了麻烦，但暂时也没有别的办法了。我把杨培叫来，当着两个男生的面把这个办法告诉了她。杨培起初有些不好意思，但想了想，微笑着看了看两个男生，点了点头。她的笑容让我感到很安慰，只不过真是难为那两个男生了。

从那之后，杨培每天晚上回家都由这两个男生护送，这样一直持续到学期结束。因为放寒假的缘故，两个男生护送杨培的任务才暂时告一段落。在假期里，学校组织学生参加社区义务劳动，还要组织一部分学生去敬老院看望孤寡老人。出乎意料，杨培主动报名参加了这些活动。寒假结束后，杨培把她在敬老院照顾那些老人时拍摄的照片带到学校里，给同学们讲述这些老人的经历和故事。最后，她还自豪地告诉同学们：“社会上每一个人都应该为这些老人做些事。”

苏霍姆林斯基说：我认为教育上一个重要的目的，就在于使每个人在童年时能体验到人对义务顶峰的追求是一种魅力和美。杨培同学的变化说明她已经初步懂得了如何为他人尽自己的义务。杨培的精神世界逐渐发生了变化：她从两个同学身上感受到了同学之间无私的帮助，那种在同学身上体现出来的义务责任感，让她感动，也让她羞愧。而两个男生之所以这么做，只是因为她是他们的同学，她需要帮助，于是他们就这么做了。这就促使杨培开始反思自己。虽然她表面上似乎并没有什么变化，但她却用实际行动改变自己，学着向他人倾注自己的义务与责任，并在这个过程中体验幸福和快乐。

真实的教育生活中，凡事以自我为中心，心中没有他人，缺乏对他人的义务与责任感的孩子不在少数。这也是教师和家长都备感头痛的问题。这个问题的形成自然有着非常复杂的背景，但如何解决这个问题，却是我们无法回避的。事实上，在孩子成长过程中出现的许多问题，教师和家长在教育孩子过程中遇到的不少困难，细究缘由，都与此有着或多或少的关系。所以，我们不能小看这些问题。

苏霍姆林斯基曾经讲过小男孩瓦西里卡的故事。瓦西里卡三岁的妹妹娜塔莎顺着梯子登上了屋顶，可她却下不来了，吓得大哭起来。瓦西里卡看到这一幕，马上顺着梯子也爬了上去，可他没有办法把小妹妹带下来。他就千方百计把小妹妹扶住，一起久久地坐在屋顶上，等着爸爸回来。苏霍姆林斯基试图通过这样的故事告诉孩子们：一个人从小就应该树立对亲人的义务和责任感。在小妹妹娜塔莎面前，瓦西里卡表现得十分勇敢，在他身上我们可以看到他对亲人的义务和责任感。而我深切体会的则是在培养学生对他人的义务和责任感这个问题上，苏霍姆林斯基是如此敏感，如此睿智。

一个人活在这个世上，绝不是孤独一人，要心中有他人。要让孩子们意识到：你在享受生活中一切美好的东西时，也该为他人尽到自己的一份责任和义务。这该是每个教师都要有的教育理念。

走近他们的心灵

◎陈　琴

从教十余年之后，对教材烂熟于心，加上平时注重阅读，知识储备足，在课堂中我可以游刃有余。可有时我回头反思：除了知识以外，我还教会了学生什么？我是否对他们的心灵有所触动？我是否让他们享受到了学习的乐趣？

因此，这学期接高一的课，我决心要在“备学生”上有所突破。

第一堂课，我先和学生随便聊一些他们感兴趣的话题：课余时间是上网，还是读书，或是看电视？将来想做什么？你现在最大的愿望是什么？最喜欢或讨厌怎样的课堂？我试着打开他们的心扉，尽快消除陌生感。有些学生不敢发言，我便让他们把想法写在纸上。此后的几天，我仔细研读了每个学生所写的内容，对一些情况比较独特的做出标注。

掌握了学生的基本情况后，我就能根据学生的不同个性，做到有的放矢。比如在课堂上提问时能够做到心中有数，尽量避免出现冷场或发生冲突的情况。现在回想起来，这学期我所做的努力还是有所收获的。以下几个事例值得回顾。

一

在后门边上单独坐的那个男孩，是开学五周以后才插班进来的，课堂上他总是呆呆地坐着，眼神很忧郁。他从不主动回答问题，也从不和其他同学讨论，做作业潦草、马虎、拖拉。我试着和他交流，他总是沉默以对。

那天，我检查学生配套资料的完成情况，发现他因来得太迟，没有领到资料，就顺手把自己手头的一本给了他，让他挑选自己感兴趣的章节看看，并适当做些练习。他突然脸涨得通红，有些结结巴巴地说：“那……那怎么行啊……”我说没事的，我回头可以再找一本。他腼腆地一笑，赶紧打开资料来看。这时，我发现这孩子原来如此可爱。在后来的课堂上，他明显积极了许多，作业书写也整齐多了。再后来，课堂讨论时，我发现他会主动把凳子搬到前排，积极参与同学们的发言。

我不敢肯定这位同学的转变能持续多久，但看到他不再封闭自我，能够融入群体当中，我的心里还是颇为欣慰的。我相信，爱的温暖可以融化内心的坚冰。

二

那次，我让学生写一篇题为“假如我是……”的作文。批阅时，在燕的作文里发现了这样一段话：“假如我是老师，我会平等对待每一个学生，不像有的老师，差学生的作文懒得批阅。这种做法会让差生们越来越没信心。差生并不是不愿写好，只是基础太差，总表达不清楚自己的想法，老师能因此就歧视他们吗？”读到这里，我突然有些心虚：她不会是说我吧？于是，我翻开她前面的作文一看，果然上次的没有批阅，我顿时为自己工作的疏漏而汗颜。怎么会有这种情况呢？不管怎样，我必须向这位同学解释清楚。我想叫她谈话，又怕彼此尴尬，于是把她的两篇作文都仔细批阅了，并写了一张纸条夹在作文本里。我诚恳地向她道歉，解释了漏批她作文的原因，并鼓励她说，她的语言功底不错，希望她今后能消除自卑心理，不要总认为自己是差生。

下一次作文本交上来时，我发现她在作文本上回复道：“我实在太幼稚了，怎么会那样误解老师？很感谢老师对我的宽容和耐心，我今后会好好努力的，一定不辜负老师的期望。”在后来的课堂上，她一直坐得很端正，还因积极流畅的发言得到同学的赞赏。

由此我意识到，只有真诚，才能换来学生真正的尊重。

三

有一段时间，我发现旭上课时眼神总是游移不定，作文字迹潦草，内容空洞。我告诫他几次，他表面上答应，但下次依然如故。一天课后我把他叫到办公室，问他最近到底怎么了。他一开始支支吾吾不想说，后来终于开口说道：“老师，我心里很烦，不想读书了！”我忙问为什么，他又不吭声了。我只好说：“如果你看得起我这个老师的话，今天课外活动时间请到我家来，我们聊聊天，好吗？”

课外活动时间，他果然来了。我热情地招呼他坐下，让他吃水果。他犹豫了一会儿，开始断断续续地向我倾诉他内心的苦闷：最近上课常走神，头脑中经常想一些乱七八糟的东西，无法控制，他越想克制自己，情况越糟糕。为此，他非常恨自己，感觉自己白白浪费了大好时光，愧对父母和老师，真想辍学算了。

听完他的话，我首先感谢了他对我的信任，然后告诉他，这些其实不是什么大毛病，而是多数学生普遍存在的问题，是他把问题看得太严重了，导致了恶性循环。因此，他要学会适当放松自己，比如练字、唱歌、打球等，也要允许自己偶尔胡思乱想。心理压力减轻了，学习效果自然就好了。听我这样一说，他似乎有些释然了。

在之后的课堂上，我发现他游移的眼神慢慢收回了，做作业也认真多了。每次自习课上，他还会主动地把作业拿出来让我看。最后一次自由作文，他写的题目是“心声”，真切表达了自己由消沉走向自信的一段心路历程，读来令人颇为感动。

我所做的这些，在一些以分数衡量一切的人看来，或许是毫无意义的，但我觉得只看学生成绩而漠视他们心灵感受的做法违背了教育的本质。

我曾看过一个小故事：涨潮后，好多鱼儿被冲到海滩上，一个小男孩一条条地把它们放回大海。有人问：“那么多鱼你放得完吗？谁会在乎你那么一点点努力？”男孩认真地说：“那条鱼在乎！”

是的，每个孩子都值得尊重与呵护，或许我们的努力在提高成绩方面不会有明显的效果，但只要能让他们意识到生命的美好，认真地对待生活，就很值得了。

我的“针灸”点醒法

◎傅春卉

一直觉得中医的针灸很神奇：几根细细的银针，好像只在“表面”下功夫，却能牵动内里，取得祛病强体的疗效。如果我们在教育上也有这样的“银针”就好了，这么一想，我在教学实践中还真发现了一根好用的“银针”。

在我们学校，各个班级都有课前宣誓词、早操口号、教室标语，那些带有激励性、号召性、启发性的句子，如同一根根“银针”，直指学生心灵的穴位，使之振奋、内省、有所悟而最终化为前进的动力。

我在选择班级标语时，颇用了一番心思。就像针灸得找准穴位一样，泛泛的大话、套话肯定难以触动学生的心灵。来看看我们班的标语——

“面壁三年图破壁”，这句话出自周总理的“面壁十年图破壁”，用在高中生身上再恰当不过。我把它贴在黑板的正上方，希望每一次落入学生眼中，都会激发起某种信念或动力；

“没伞的孩子只有拼命跑”，来自相声演员郭德纲的一个故事。郭德纲说他小时候家里穷，放学时下雨了，别的孩子都等着家长送雨伞，而他知道家里根本没伞，不得不冲进雨里一路飞奔回家。我知道班上大部分学生都属于“没伞的孩子”，所以这样的故事和句子最有力量。后来在一次班会上，一个男生还把这句话引申开去，说没伞的孩子是只能拼命跑，而那些自以为有伞的孩子呢，你是不是也得想一想，你的伞可以让你用多久？会不会有一天，你的伞旧了、破了，也需要你给它撑起一片天呢？

“青春如同奔流的江河，一去不回，来不及道别。”“未曾绽放就要枯萎吗？”来自歌曲《老男孩》。选用这两条标语，我是想引发学生思考：一生只有一次的宝贵青春，它的意义不是为了让你在日后忧伤地祭奠吧？

黑板的最上端，一般老师写字时都不会用到，我便把它变成了一个时常更新的励志栏。考试退步了，我提醒学生“Never Say Never”；班上有浮躁情绪了，更新为“不要让你的心在低俗的热闹中变得混浊”；要期末考试了，我用“行百里者半九十”告诫学生要坚持到最后。

张贴标语之外，我们班的每一位学生都有自己的座右铭。我要求大家精选字句，避免沿用泛滥的名人名言、无关痛痒的格言警句，要选择能让自己安静、警醒、愧疚甚至痛楚的句段，因为在一个人的成长过程中，有时候当头棒喝远比谆谆教诲来得更有力量。我们班有个学生的桌子上就写着这样的座右铭：再乱说话扇你；再打瞌睡扇你。

我第一次看到这句话时，觉得有点可笑，但之后更多的是一种感动。如此，自我教育代替了班主任的苦口婆心，学生主动地从字句中汲取力量代替了班主任的疾言厉色，这不正是一种成长吗？

有学生学习态度消极，我会给他写：“蚯蚓正因为没有骨头，所以它永远也站不起来；人若没有志气，他将永远一事无成。”有成绩较差的学生忽然完整地背出了一篇课文，我会在他的课本上画一个大大的笑脸，旁边再附上一句：“你很棒！”成绩好的学生若翘尾巴，沾沾自喜了，我会告诉他：“笑到最后才是笑得最好。你可以吗？”

一张小纸条，或者是书头、卷尾、某次作业批改时的信笔拈来、有感而发的三言五语。只要是我觉得能压准学生“穴位”、产生正面效果的都可以。这些文字如一根根“银针”，轻点学生的穴位，效果却很神奇。

我还有一个“终极法宝”——给学生读书。这是最妙的班级管理法：借助别人的文字，管理自己的班级；无“说教”之名，却能带来说教也达不到的“实”效，真正的不落痕迹，入木三分。我们学校专设有读报堂，有老师认为挤出时间让学生多做题才是正道，我却觉得，磨刀不误砍柴工，磨磨蹭蹭、心不在焉地做十道题，还不如用十分钟读一篇小文，让接下来的几天甚至很多天都热血澎湃、斗志昂扬！

“管理，是一种提醒”，这是我在年级会上听来的一句话。在班级管理中，“银针”似的提醒，可以点醒学生自律、自省，培养学生的自我管理意识，久之神奇的效果自会显现。

第三章

不是一个人做班主任

学生在某些方面存在问题，教师要及时与家长沟通交流，这样才能尽可能全面地“看见”学生，找到问题的症结所在，与家长共同发力，家校形成合力，帮助学生解决问题，促进学生全面发展。

我与家长手拉手

◎申淑敏

一

新世纪之初，我被调至洛阳市第八中学实验初中任教。学校地处河南第二大交易市场——关林市场，学生来自全国众多省市。除了一小部分学生是本学区的农民子弟和工人子弟外，大部分学生来自农民工家庭、大款家庭、高干家庭……一个个不同家庭背景的孩子与他们的家长演绎了一段段让人困惑的故事：

小峰来自典型的农民工家庭。他的家长在与我第一次谈话中曾把他定性为：生就一副歪心眼，假话连篇……他们坚信,棍棒底下出孝子。然而父母的棍棒使小峰的叛逆心理更加严重，他事事处处与父母、老师对着干。家长在无奈之下曾跟我说，他们想到社会上找几个打手，把小峰绑架到没人的地方，狠狠地揍他一顿。这样既可解他们的心头之恨，又可吓唬吓唬他，使他今后少说瞎话。听了家长这种无奈的想法，我感到很悲哀：家长与孩子的关系恶劣到这种地步，他们怎么可能正确地指导孩子成长？

小辉的父母是个体户。父亲只读了三年小学，连自己的姓名都写不好，与孩子经常说的话是：“小辉你他妈的不听话，老子让你活不长！”“你他妈的怎么老打架？”“以后你他妈的学习好坏是小事，只要不给老子找麻烦就行！”……他还有一个典型的行为——开门不是用手，而是用脚。小辉在学校满嘴污言秽语，经常对同学、老师大喊大叫；故意打坏了教室的日光灯，说它质量太差；弄坏寝室的灭火器……在家里，他蛮不讲理：有一次，他母亲因他房间太乱说了他两句，他就把洗脚水泼在床上，他弟弟看不过说他太野蛮，他扑上去把弟弟按在地上，卡弟弟的脖子……

小言来自大款家庭，身体健壮，面孔白静。入校一周后，他不停地骚扰女生，甚至骚扰年轻的女教师。课堂上他把手伸进女生衣服内摸着人家的肚子问：“你的男朋友是谁？你是不是怀孕了？”在和小言的父母沟通时，他的母亲竟把孩子的缺点当作优点来欣赏。她很自豪地说：“孩子生来就帅气，见什么人就能说什么话；他的朋友很多，还有两个大款家的女孩子争着和他谈朋友，这都是做生意的好资源……”

小哲来自高干家庭，他的爷爷奶奶、爸爸妈妈、三个姑姑和一个保姆，八个大人围着他一个人转。他没有上过学前班，五岁时还不会自己吃饭。他升入初一后，因为不会穿衣服，晚上就寝从不脱衣服；因为不会系鞋带，他母亲对我说，谁教会她孩子系鞋带就奖给谁200元。

…………

面对这样复杂的教育对象，做了多年班主任的我感到了困惑，同时也感受到了一种责任，这种责任感使我面对新的挑战时没有沮丧而是异常兴奋：我决定用我的智慧转化他们。此时我的兴趣不只是要转化我的“问题学生”，最主要是转化我的“问题家长”，使家长成为我的得力助手，形成教育合力。

二

每一个社会成员都是从家庭中获得生命，人的性格、品质、意志、情操以及生活习惯的形成，莫不与家庭有着密切的关系。“问题学生”的背后，一般会有一个在教育观念、教育情感或教育方法上存在问题的家长。

多年来做班主任工作的经历使我认识到：父母教育子女的方法虽很多，但最关键的是要有正确的教育观念。如果缺乏正确的教育观念，那么再好的教育方法也会失去意义。

然而，要想转变家长的教育观念谈何容易？我泡图书馆、上网，迫不及待地查询有关家校合作教育学生的成功案例和资料，得到的回答是：中国的家庭教育目前仍处于摸索阶段。

既然大家都在摸索，没有成功的方法可以借鉴，作为一线教师就有责任担负起这样的重担。于是，自2004年起，我在转变家长育子观念和方法方面开始了一系列探索：

为家长开专题讲座。七年级开设六个专题讲座，目的是协调家长与老师、孩子的关系，形成三位一体共同学习“目标的威力”，确定统一的努力方向，督促学生初步养成良好的生活和学习习惯。八年级开设六个专题讲座，目的是调整养成目标，在继续养成教育的基础上防止学生产生厌学情绪。九年级开设六个专题讲座，目的是通过调整家长心态来调整学生心态，为孩子营造轻松愉快的学习环境，做好冲刺中考的准备以及帮助孩子为愉快度过高中三年的学习生活做准备。

小辉的父母是家长专题讲座的受益者之一。然而我第一次邀请他父亲来听讲座时，通知了他三次，结果他还是迟到了半个小时。进门时，他用脚踢开教室的门，当着众多家长的面嘟囔道：“开他妈什么家长会，不就是来挨批吗，耽误了我的生意谁负责？”

针对这种对老师和学校有偏见的家长，最好的办法就是以静制动，不予搭理。我继续给家长讲课。众目睽睽下，小辉的父亲气哼哼地找座位坐下，俨然一副不在乎的样子。在整个讲座中，我没有因为孩子的过错而批评任何家长，而是围绕“家长的榜样作用是孩子成长的动力”这一专题进行了一些案例分析，并结合案例肯定了班里每一个孩子的闪光点。当讲到一个名叫周弘的普通父亲，用他20年的时间探索出赏识教育，不仅把双耳失聪的女儿培养成留美博士生，而且他的教育理念和方法经过众多家长的尝试也取得了成功时，小辉的父亲和众多家长议论纷纷，早已没有了抵触情绪。尤其当我邀请上届学生的家长登台现身说法，声情并茂地讲述三年来在我的指导下他们与孩子一起成长的快乐时，全场报以热烈的掌声。会后小辉的父亲兴奋地说：“我还以为申老师会当着大家的面批评我没有教育好自己的孩子，没想到申老师用那么多通俗的事例，让我明白了怎样去引导孩子走向成功——我还是第一次开这样的家长会。”

在以后的讲座中，来听讲的家长逐渐增多，本班学生的家长来了，他们又带来了亲戚朋友和同事，用他们的话说是“资源共享”！小辉的父亲不但和大家一样能提前到达，还从老家接来了他的父亲——一个曾做过村主任的老人，一同来听讲座。他说自己只有小学三年级的水平，不会教育孩子，老父亲虽然没什么文化但毕竟是老干部，多一个人来听好回家一起研究。

小辉父亲观念的逐步转变潜移默化地影响着小辉。首先在小辉爷爷的监督下小辉的父亲改掉了“他妈的”这个口头禅；在我的提议下，小辉在家和他父亲开展文明用语比赛，在校和同学们开展良好行为习惯比赛。一年半后，小辉行为习惯的明显进步受到了师生的一致好评，获得了学校的“品德飞跃奖”。家长会上，当我把“优秀家长”的大红喜报发给小辉的父母时，热烈的掌声中小辉的母亲感动得哭出了声，她一边给我鞠躬一边对大家说：“我不怕大家笑话，我家小辉上小学时，曾因和老师发生争吵，拿着棍棒把老师同学全都赶出教室。在家里，哪顿饭不合他的胃口，他不由分说端起锅就倒掉。亲朋好友都说他早晚会走上犯罪道路的……没想到，这一年多的时间，听申老师的讲座让我们改变了以前的愚昧想法，配合老师做孩子的工作，孩子和家长都尝到了进步的快乐。”

小辉变了，他的学习成绩提高得很快。

引领家长读书。为了结合讲座提高家长的理论水平，在每一次讲座后我都有针对性地引领家长读书。我们读家庭教育方面的书籍，如魏书生的《好父母，好孩子》、周弘的《赏识教育》、卢勤的《送给年轻的妈妈》和《没有不成功的孩子》、王金战的《中国英才家庭造》等；读班级管理方面的书籍，如李镇西的《爱心与教育》、张万祥的《班级创新一百招》、王三阳的《做幸福的老师》和《做幸福的班主任》等。我们还读《美国的素质教育》、中国的经典《治家格言》《论语》《道德经》等等。

通过读书，家长开阔了眼界，提高了认识，转变了观念，给孩子树立了良好的学习榜样。家长、老师、学生的交流再不仅仅是让人压抑的分数、名次，而是快乐的读书体会、思想认识以及价值观的认同。教育观念的转变和教育方法的改进，使家长和学生的文章不断登上报刊；因为读书，家长和孩子们一起创作出了一个个优美的课本剧；因为读书，有一些学生从初一就开始写小说，或创作出诗歌集……

小言父母拥有千万资产，遗憾的是为了钱而忽略了自身素质的提高和对孩子的教育：说什么与人交往就要讨价还价，吃亏的事绝不干，造成小言借遍了全班同学的钱，又以种种理由不还。更严重的是他们为了生意无暇顾及孩子，就给孩子买了台电脑，让他自己在家玩。小言小小年纪就经常浏览不健康的网站，满脑子的坏水使他不停地骚扰班里的女生……

鉴于此，在第一次给家长讲座后，我就给小言的母亲推荐三本书——《细节决定成败》、《写给年轻的妈妈》和《好父母，好孩子》，要求她看后和我交流想法。

小言的母亲看完后激动地对我说："你送给我们的《细节决定成败》让我们茅塞顿开……读了《写给年轻的妈妈》和《好父母，好孩子》后，我真的很惭愧，真要好好反思了。"

在以后的日子里，尝到读书甜头的小言父母不但积极参与班级读书活动，写心得做交流，而且自己还购买了大量的相关书籍潜心研读，经常到外地听名家的讲座。他母亲说读书让她开阔了眼界，转变了观念，感悟到教育孩子和教育员工是一个道理，自己时时处处都要以身作则，以诚信待人，积德行善。

小言在父母的影响下，不但积极加入班级读书活动中，还用压岁钱给班上买了三百元的书籍和同学们分享，尤其在他看了一系列的名人传记后，觉悟提高更快，一次班会上他很真诚地说："我就像做了场噩梦，以前怎么会说出那样的话，做出那样的事，真是太丢人了！我要用我的实际行动洗刷我身上的污垢，请老师和同学们帮助我，让我重塑自己吧！"小言的转变是明显的。根据他的特长，大家一致推举他做班级体育委员。他严于律己，学习努力，充分发挥了他的组织才能，成了老师的得力助手，初二下学期还被学校评为优秀学生干部。

向家长开放课堂。为了让每一个家长能理论联系实际，积极探索教育子女的科学方法，自2004年起，我全天候开放了课堂，让家长和各界人士参与我们的班级教育教学管理。班会课上，我们充分利用家长资源：请身残志坚的家长给学生做“笑对人生，赢得未来”的讲座，请在军队服役的家长给孩子们讲军队的优良作风，请做护士、医生的家长给学生讲“生理卫生，健康保健”，请做农民的家长给学生讲“农作物种植知识及粒粒皆辛苦的体验”……使每一位家长在孩子面前都有展示自己才华的机会，使每一个孩子在家长的报告中都能感悟出创业的艰辛，增进了孩子们对家长的理解，激发了他们的上进心。

眼看着孩子们素质显著提高，体验着与孩子共同成长的快乐，家长们参与班级教育教学管理的热情越来越高。他们在工作之余走进学校走进教室听课学习，课堂上和孩子们争着发言，各抒己见；课余和孩子们一起研讨疑难问题，一起做游戏，亲子关系变得融洽和谐。用家长的话说：现在我们随时可以走进学校走进课堂和孩子一起成长。

小哲，当初全家八个大人围着他一个人转，但当他的家长走进学校，看到众多的学生能安排自己的生活、计划自己的学习时，他们深深地反思着自己教育孩子的方式。他们积极参加家长课程学习，工作之余走进课堂与老师一起辅导孩子学习各种生活技能，指导孩子拟定学习计划，培养孩子的竞争意识。功夫不负有心人，小哲在老师和家长的指导下，养成了良好的行为习惯，文化课成绩有了非常大的提高：数学考了满分，英语作文比赛获奖……他的父母看着孩子的成长，激动地挥笔写下《为孩子的成长喝彩》，发表在学校的校报上。

三

为了开阔学生的视野，陶冶学生的情操，我不但组织学生、家长进行一系列的校内活动，还与家长一起组织学生走出去看世界。到龙门做地质考察，去银杏山上采集标本……当我们登上长城时，看到小峰全家满含热泪和大家一起表演《感恩的心》，我的眼睛也湿润了！

小峰在诸多活动中感受到了亲情的温暖。他的父母在我的指导下认真反思了十几年来教育孩子的错误观念，在我办公室里懊悔得泣不成声，用回忆的方式给孩子写了一封长达几千字的道歉信。他们的教育观念、教育情感以及教育方法的明显转变深深影响着小峰。在我班“给父母洗脚”活动交流中，小峰在谈到父母因常年在外打工导致双脚满是裂口时，也感动得流出了眼泪，发誓要用自己的实际行动报答父母的养育之恩。

在和家长手拉手一起设计孩子成长方案的过程中，我认识到每一个孩子都是一朵盛开的花，他们生来都是好学的，甚至具备某种天赋……如果他们的家长有正确的教育观念，他们在成长的过程中就会少走弯路，甚至不走弯路……在家校合作的道路上，我愿与大家一起继续探索、前行。

不会系鞋带的男孩

◎张道明

开学第一周，学生排队去操场做操。我发现睿的鞋带散了，提醒道："睿，你的鞋带散了。"他一脸无可奈何地说："我不会系。"我愕然地望着他。旁边的鹏急忙说："老师，睿真的不会系。"说完，他弯腰帮睿系鞋带。五年级的孩子不会系鞋带？睿这是生活在什么样的家庭？有什么样的家长？我的心里不禁冒出了一个个大大的问号。

过了几天，睿闯祸了。课间操时，我正在学生队伍前面巡视，鹏急匆匆地跑来跟我说出事了。原来，队伍后面的睿把同学小程的手机的电池踢进了操场的排水沟里。我一听，心里有点生气。这个睿，做操都不认真，居然和同学打闹，幸好没有踢伤同学。还有这个小程，我多次提醒不要带手机到学校来，他偏不听。

自己闯的祸自己负责。我让睿和小程试着捞一捞，可是铁栅栏的空隙太窄，手够不着电池。虽然只是个翻盖手机，但也不是一点点钱能买到的。看来，只好把双方家长请到学校来共同解决，妥善处理。于是，我立刻拨通了双方家长的电话。

一会儿，睿的妈妈和小程的爸爸都急匆匆地赶到办公室。我为他们递上一杯水，请他们先坐下，休息片刻。我笑着对两位家长说："今天请你们来，主要是睿和小程之间发生了一点儿不愉快的事。我们先了解一下事情的原委吧。”

我示意小程先讲一下事情的来龙去脉。小程细声细气地讲述后，我对睿柔声说：“你也老老实实地说一说怎么回事吧。”睿极不自然地也低声说了一遍事情的前因后果。突然，睿在讲述过程中鼻涕流出来了，睿妈妈见状，急忙从包里抽出纸，准备替睿擦。这个妈妈太溺爱孩子了吧，我急忙制止了她：“孩子这么大了，让他自己擦。”此刻，我终于明白了为什么睿不会系鞋带，就是家长手伸得太长，包揽了孩子的生活，剥夺了孩子自己做事的权利和机会，致使孩子缺乏基本的生活技能。一个“问题孩子”的背后必定有一个“问题家长”。

听了睿和小程的讲述，两位家长明白了事情的原委，接下来是商讨怎么解决问题。于是，我提议道：“两位家长，事情经过基本清楚了，现在到操场看看能不能把电池弄出来。”我和家长们随着两个孩子来到操场。两位家长尝试用手捞排水沟里的电池，几次都失败了。我建议，可以到学校食堂借筷子或火钳夹。睿妈妈一听，随即准备去食堂，我赶紧叫住她：“让睿自己去。这样才能让他明白，自己闯的祸，得自己负责。要不然，他会错误地以为，犯错不要紧，反正有人为自己善后。”

几分钟后，睿拿来了一双筷子。睿妈妈接过筷子就准备夹电池，我又制止了她：“让睿自己夹。”睿弯下腰，费了好大的劲儿才夹出电池。幸运的是，电池还能使用。于是双方家长握手言和。

“电池风波”终于平息了。

那睿不会系鞋带的事情怎么办？我认为，要想解决睿的问题，必须从家长开始。我请睿妈妈单独留下来，我说：“我发现，睿读五年级了，却不会系鞋带。”睿妈妈笑着回答：“就是啊，所以我现在尽量给他买没有鞋带的鞋子。”我心平气和、语调平缓地帮她出主意：“他不会系鞋带，你可以教他啊。孩子终究有一天要离开你，你不可能陪伴和帮助他一辈子，你要让孩子学会基本的生活技能。建议你平时就让孩子做一些力所能及的家务活，让他学着洗自己的衣服、打扫卫生、洗碗，甚至做饭，培养他的生活能力，让他体会劳动的辛苦。”

聊着聊着，睿妈妈的眼睛红了，她难过地说：“睿的爸爸得了不治之症，将不久于人世。这几年，我们为了给睿爸爸治病，经常东奔西走，花钱不说，心力交瘁，没精力管孩子，更没想到教孩子学会劳动。”我听了也很难受，鼓励她为了睿要坚强乐观地面对生活，给孩子做个榜样。

一天，教室里睿的位子是空的。我从班主任那里得知，睿的爸爸去世了。几天后，睿出现在他的位子上，还是那张白生生、胖嘟嘟的脸，只是神色有些黯然。人生三大不幸之一——幼年丧父，睿遇到了。可怜的孩子，我不禁如是想：他幼小的心灵，能否承受得了？我能为睿做些什么呢？

随后的日子，我与睿妈妈沟通的次数多了起来。我告诉她多陪陪睿，带他逛逛书店，晚饭后一起散散步。我还特别叮嘱她：睿好动，每天精力旺盛，仿佛有用不完的劲，可以让睿去参加体育运动，释放一下自己。睿妈妈说，孩子有点偏胖，准备让他去学散打。

过了一段时间，睿妈妈欣慰地告诉我，睿现在懂事多了，知道做些家务了，有时洗碗，有时倒垃圾，有时洗菜。睿还对她说：“长大了要好好孝敬妈妈，赡养妈妈。”看来，睿正朝着好的方向发展，我非常高兴。

从此，睿的鞋带再也没有散过了。

睿的故事让我明白了一个育人道理：学生在某些方面存在问题，教师要及时与家长沟通交流，这样才能尽可能全面地“看见”学生，以一颗柔软的心触摸学生背后“鲜为师知”的经历与故事，找到问题的症结所在，从而给出切实可行的建议，与家长共同发力，更好地帮助学生解决问题，改掉不良习惯，促进学生全面发展。

情绪管理的“教”与“练”

◎沈丽新

学校得到一个机会，周三下午可以带孩子们去东方之门参加“冠军冰场”的“江苏省青少年冰雪训练营”的半日体验活动，但是名额有限，每班只有18个名额。

这18个名额如何产生？由于忙碌，我周一晚上没有来得及安排报名一事，周二下午要报给学校德育处名单。考虑到周二是工作日，我把报名时间安排在中午12：30。这个时间，应该大多数家长能够有空看手机。

为了保证公平，我9点多发好预备通知，通知12：30将在“晓黑板”讨论组报名。每过半小时，我就查看有多少家长还没有阅读这个预备通知。没有看到的，我通过“晓黑板”的短信提醒功能和电话提醒功能，去一一提醒。直到12：00，还有4个家长显示没有阅读预备通知，我再一一电话联系，确保全班43个孩子的家长都收到通知，知道报名的时间与方式。

12：20，我进入讨论组，贴心地提醒家长：“可以在对话框编辑好自己家孩子姓名，后面跟上‘报名’一词。我说开始就发送，前18位报名的算报名成功。”——以免有些孩子因为自己父母的技术问题而错失机会。

12：30，我宣布“开始报名”。几十个“某某某报名”几乎同时刷屏。我截图，将他们的报名顺序从1标注到18。报名活动结束。有个家长立刻哀怨起来：孩子知道了肯定会很失望的！

孩子知道了一定会失望吗？其实，有一种失望，叫“妈妈觉得孩子很失望”啊！

我在讨论组发言：“请各位爸爸妈妈控制自己的情绪，别把沮丧的情绪转嫁给孩子们。不去苏州中心的孩子下午在校内也有活动，请大家不要跟孩子提这件事，为孩子报上名的爸妈也不要跟孩子提这件事，明天晨会课上我会统一处理孩子们的情绪。如果家长的表达不合适，会伤害到孩子的。”

周三的晨会课上，我在黑板上写了大大的两个字：机会。然后请孩子们讨论什么叫“机会”，他们的答案五花八门，我带他们给“机会”分类。

第一类是每个人都有的机会。我举了很多例子，最简单的是：在我们苏州地区，每个小朋友都有机会上学。

第二类是需要通过个人努力才得到的机会。比如，再过一个月，我们要期末评优了，谁有机会评到“三好学生”，这需要你平时努力取得好成绩。比如，我们班经常得到流动红旗，那是因为一（6）班的小朋友平时很努力遵守规则……孩子们得到启发，也举了很多例子。

第三类是靠运气的机会，这不是每个人都能得到的机会，跟你的努力也无关。比如，沈老师有一年参加春节团拜会，运气很好，抽奖获得一部手机，非常高兴。但第二年我就运气不好，鼓励奖都没有抽到，我也哈哈一笑。

这第三类机会是我要带小朋友们重点讨论的话题。他们由此纷纷展开讨论，讲述各种爸爸妈妈的好运气或者坏运气。我都努力引导他们：这只是运气好（或者不好），不是我们自己足够好（或者不够好），没必要骄傲，更没必要生气或者难过，都哈哈一笑就好。

讨论到一半的时候，来教室拿东西的副班主任赵老师听得有趣，不走了。我就拿赵老师举例：“我告诉你们啊，今天下午，学校有两场活动，一场是外出，一场是在校内。校内的小朋友要去体育馆参加各种活动，然后去报告厅看电影。校外的活动是去苏州中心体验滑冰。我和赵老师两个人呢，学校会安排我们一个人去校外，一个人留校内。我很想留在校内，因为可以休息，也不用乘车。但是我运气不好！学校安排赵老师留在校内！你们觉得，赵老师是比我表现好才能留下来，还是因为运气好才能留下来？”

孩子们哈哈笑：“是因为运气好！”

“那我在这件事上的运气不够好，我会不会生气、难过？”

“不会不会！”

“对啊！我不会生气，不会难过。我会期待下次我的运气好一点！”

然后我话锋一转：“今天下午有18个小朋友去校外活动，是因为昨天报名的时候，他们的爸爸妈妈运气比较好才报上名的。报上名的，高高兴兴外出去活动。运气不够好没报上名而留在学校参加活动及看电影的小朋友呢？”“也高高兴兴！”孩子们大声回答。

午饭后，我带着18个孩子整队去乘车。我对留在教室里的孩子们说：“你们现在可以去拿工具箱了，今天中午的手工时间比较长，有一个小时。下午就是去体育馆活动和去报告厅看电影啦！”

“耶！”留下的25个孩子欢呼起来。——这欢呼，令经过教室的其他老师觉得疑惑：这些孩子怎么了，不能外出参加活动还这么高兴？

下午活动结束后返校，我给孩子们追加了一个作业：

今天跟孩子们用各种故事学习了关于“机会”的解释，请孩子们复

述给爸爸妈妈听，并把录音发给我。（提示：老师说“机会”分3种）

结果，晚上我收到的复述的差别实在太大！如果我不及时解释，怕是有些父母要被孩子绕晕了。我认真在电脑上编辑了一段文字，集中发送给家长：

各位爸爸妈妈，你们好！收到不少孩子关于“机会”的复述，有的复述得很好，有的复述令人啼笑皆非。所以，建议父母相信，很多时候孩子未必说的是事实—他们不是故意撒谎，而是年龄原因或者记忆原因，不能很好地准确复述老师的原话。我所知道的不少父母对教师的误会，就是产生于“父母认为自己家孩子绝对不会撒谎”。

关于“机会”，今天重点讲了两次，一次是晨会课，另一次是雨天的室内大课间。两次都用了各种故事，帮助孩子们理解：我们的一生中有很多种机会，一般可以分为三种。

第一种是每个人都会得到的机会，比如苏州地区所有的孩子都有机会上学。第二种是需要通过个人努力才能获得的机会，比如一个月后的期末评优，只有平时努力了才有机会获得“三好学生”或者单项优秀奖。第三种机会纯粹是运气，不是每个人都会有的，也跟你的个人努力无关。比如爸爸妈妈去抽奖，有机会获奖或者没有机会获奖，比如今天下午有机会外出活动。这种凭运气得到的机会，如果得到，我们会哈哈一笑。如果运气不好没得到，我们也应该哈哈一笑，然后等待下一次这样的好运气，不要为运气不好而难过或者生气。

因为有这样的铺垫，今天午饭后排队外出活动的孩子固然高兴，另外留在学校里活动的孩子也是欢呼连连—因为知道了下午的校内活动安排！我努力在教育他们，对待这些凭运气得到机会或者得不到机会的事，都可以一笑置之。建议各位爸妈平时也多分享这样的故事给孩子，可以让孩子成长得更豁达、更大气。

令我感动的是，有些家长在收到我的文字解说后，会带着孩子重新复习关于“机会”和“运气”的理解——尤其是运气不好的时候如何面对。他们会主动重新给孩子录音，加深孩子的理解。这份慎重真令我为那些孩子欣慰啊！

分批参加冰雪世界体验活动回来后，第二天是周四，刚巧就是学校的趣味体育节。晨会课上，我宣布：“今天下午是学校的趣味体育节，等会儿我们都去体育馆观看比赛。这是第几种机会？”

小朋友们大声回答：“第一种机会！”“每个人都有的机会！”

我再宣布：“我这里有一张表格，是体育老师记录的全班小朋友跳绳的个数、跑步的速度等体育达标的情况。我根据这张表格，给大家报名参加下午的运动会项目，有的参加跳长绳比赛，有的参加跳短绳比赛，有的参加抱球接力赛，还有的参加丢沙包比赛。”

班上大概有三分之二的孩子参加了比赛。

我问：“那些参加比赛的小朋友，他们的机会是第几种机会？”

“第二种机会。”“要通过自己努力才能得到的机会。”

我追问：“如果你很想参加比赛，可是这次又没有得到这个机会，怎么办呢？是哭还是生气？”

小朋友们都笑眯眯：“不是不是！是哈哈一笑！”“想参加比赛的话，平时多练习，争取自己比别人跳绳跳得多、跑步跑得快，明年就有机会啦！”

小朋友的通情达理真的是需要教的。因为这样特意地教，他们不觉得受伤——这次没有机会参加运动会比赛，他们满怀信心期待下一次的机会。

此外，我们班的小朋友在学期初的时候就被建议诵读《365夜儿歌精选》，全书216首儿歌。小朋友们天天找我过关。每过关30首，我就奖励一张书签。整本书过关，可以得到7张书签。至今为止，全班43个孩子中，已经有18个孩子整本书过关了，不仅巩固了汉语拼音，也认了很多汉字。这些孩子已经开始冲刺《日有所诵》（一年级）了。

我也带小朋友们以此而复习关于“机会”的理解。

我：“我们班每个小朋友可以到老师这里来过关儿歌，得到过关章。这是哪一种机会？”

小朋友：“第一种，每个人都有的机会！”

我：“有的小朋友得到了好几张书签，整本书过关老师还拍照发在家长群里，这是特别荣耀的事。这是哪一种机会？”

小朋友：“第二种，自己努力才能得到的机会！”

还有小朋友现场卖乖的：“老师，我也会继续努力的！我也要尽快得到老师发照片的机会。”

每天午饭时，只要餐厅配的不是酸奶而是水果，我都会带他们复习：“今天有的小朋友运气真好，得到一个很大的水果，开心吗？”

小朋友：“开心，运气好的时候就哈哈一笑！”

我：“有的小朋友今天运气不怎么好，得到一个较小的水果，怎么小呢？是难过还是生气？”

大家一起回答我：“也要哈哈一笑！相信下一次也许运气就好了。”

孩子们其实没有爸妈以为的那样容易受伤。“孩子得不到这个机会一定很失望。”“孩子不能参加一定很难过。”“他拿到的苹果比别的小朋友的小很多，他一定不高兴。”这样的“失望”“难过”“不高兴”也许只是一闪而过，也许根本没有萌生，只要父母不在孩子面前强化。

孩子们各科目的知识与技能，当然是需要不断温故而知新的。而他们的情绪管理，其实也是要反复巩固与操练的。这样的反复巩固与操练，就是在“教学生”，而不是在出现问题后去“教训学生”。

“话梅”在枝头歌唱

◎鲁兆周

今天，小豆又做了件“奇葩”的事。

语文作业上有一道看拼音写词语的填空题，空白处填上“画眉”后的句子是“画眉在枝头歌唱”。小豆张冠李戴，把“画眉”写成“话梅”，气得我在她的作业上奋笔疾书：“你是不是上课一边写作业，一边吃话梅啊？”我把问号写得很大，就像小豆那薄薄的耳朵。如果真的是她的耳朵，我真想狠狠地拧一下，让这个“马大哈”长点记性。

我的猜测很快得到印证——下课了，小豆被班主任田老师“请”到办公室。小豆上课偷吃零食，吃的就是“话梅”！小豆这次的错误绝不能姑息。我和田老师从校纪班规、身体健康、食品安全和做人的道理等方面对她“狂轰滥炸”。小豆翻了翻白眼，嘟哝了一句：“老师，我饿了。”

我和田老师面面相觑。上课铃响了，这节课是田老师的数学课，我们只好让小豆先回教室上课。唉，为了教育学生，我们拼尽全力，可是，许多学生对老师的一片苦心充耳不闻、视而不见。老师们经常感叹，许多成绩优秀的学生走出校门，对曾经的老师态度冷淡，反而是那些成绩一般或较差的学生对老师热情有加。问题出在哪里呢？教师和很多父母一样，对优秀学生寄予过多的关爱和期待，会尽一切可能避免他们出现不良情绪。过于保护学生，自以为给予他们一个幸福的童年，却在不经意间剥夺了学生成长过程中的幸福体验。这或许就是“过度保护剥夺幸福感”吧。

一

四年前的秋天，小豆成了我的学生。她的妈妈是我同事的学生。同事告诉我，小豆爱读书，已经读了很多绘本。我喜欢爱读书的孩子。开学第一天，小豆由妈妈和外公外婆陪着来报名，她个头矮小，又黑又瘦，扑闪着的大眼睛左顾右盼。“哟，怎么来了只丑小鸭？”我笑着调侃道。小豆不高兴了，躲在外公身后，瞪着我。我连忙改口道：“丑小鸭好啊，六年后就会成为白天鹅！”小豆望着我，羞怯地笑了。我心想，这是个有灵性的孩子。

后来我才知道，小豆是个不幸的孩子。她的爸爸是医生，妈妈是护士。她两岁那年，爸爸不幸罹患重病去世了。从此，一家人便把所有的关爱倾注在了她的身上，尤其是外婆，对她关怀备至、呵护有加。小豆妈妈说，小豆学走路被石头绊倒，还没来得及哭，外婆便会飞奔过去，抱起小豆，一边自责，一边不停地安慰她。每次小豆外出，一家人便会前呼后拥地充当她的“保镖”。

这话不假，我经常在校门口看到他们一家人接送小豆上学放学。我很困惑，孩子的成长与植物的生长一样，需要阳光雨露，需要经历雨雪风霜。如果不让孩子体验生活的挫折，给他们一点儿时间，让他们品味挫折中的痛楚；以后他们在生活中遇到麻烦时，就不知道该如何应对。就拿摔跤来说吧，如果不让他先适应摔跤的挫折感，并且试图自己爬起来，他就不会知道难受是什么感觉。

田老师和小豆妈妈年纪相仿，我将自己的想法告诉田老师，试图让她来改变小豆妈妈的教育观念。田老师告诉我，小豆妈妈崇尚的是“快乐教育”和“幸福教育”。她认为，只要孩子拥有一个幸福的童年，长大了就会成为充满幸福感的人。

有一次，我和田老师到小豆家家访。小豆妈妈刚陪着小豆参加完一次公益演出——小豆是架子鼓手，节假日经常到市里参加演出。她一惊一乍地告诉我们，演出会场人山人海，她不敢离开小豆半步，生怕把小豆弄丢了。

我问小豆：“如果你和妈妈走散了，怎么办？”小豆说：“自己打车回家呗。”我又问：“如果身上没带钱呢？”小豆答：“找警察叔叔打电话给妈妈呀。妈妈就像个长不大的孩子，怕这怕那。暑假我想报名参加北京夏令营，她死活不同意。真讨厌！”

教师在和家长沟通的过程中，说话要真诚，才能打动他们，才有亲和力，才能让家长感觉到你就是孩子成长道路上的“重要他人”，感觉到你对他们的信任和尊重、对孩子的爱与期望。这样家长才会敞开心扉，才会与你真诚交流，才会悦纳你的观点和建议。我对小豆妈妈说：“一个孩子应该体验正常的焦虑，才会有社会适应性。如果我们希望孩子长大后更加独立，就应该每天为他们将来的离开做好准备。”

没想到小豆妈妈破天荒地接受了我的建议。这年暑假，小豆第一次走出家门，由外公领着到丽江玩了半个月。开学了，晒得黑不溜秋的小豆的作文里便多了些山光水色。

二

小豆上三年级的那年秋天，外婆又患上不治之症，去世了。小豆妈妈悲痛欲绝，不想把这个噩耗告诉小豆，为此，征求我和田老师的意见。

一般情况下，家长很少会和教师谈及与孩子教育无关的家庭琐事，如果有所涉及，一定是出于对教师的信任。况且，就目前中国孩子在家庭中所处的地位而言，还有什么家庭琐事与子女教育无关呢？教师应珍惜这份信任，认真倾听家长的心声，怀着一颗真诚的心与家长沟通交流，这样一定会唤醒那些在教育孩子的问题上“装睡”或“沉睡”的家长。

我说：“纸包不住火。小豆和外婆感情那么深，她会每天打听外婆的消息，该怎么办？人死不能复生。你之所以选择欺瞒小豆，是因为你自己不肯承认母亲离世的现实，不能走出这个阴影。试想，如果小豆知道了你在欺骗她，失去外婆的悲痛和妈妈的欺骗会让她承受双重打击，她会怎么想？你还不如告诉她，妈妈失去了妈妈，需要得到她的帮助才能坚持下去……”

田老师也劝她，不能这样做，要相信小豆可以承受悲伤，要让她相信妈妈会在一旁帮助她渡过难关。

小豆妈妈接受了我们的建议。后来，她告诉我们，小豆并没有被悲痛击倒，只是问了很多有关“死亡”的话题。

我说：“你对小豆的信任，会让她反过来更加信任你，并最终让她有了安全感。”

三

这件事后，我和田老师也赢得了小豆妈妈的信任。只是没想到，这种信任竟让小豆妈妈干了一件非常“出格”的事——她居然和校长“干了一仗”。

去年“六一”儿童节，有位企业界成功人士要资助家庭贫困生。我和田老师商量，把班上的指标给了小豆。田老师把这个消息告诉了小豆妈妈。

小豆妈妈很高兴，在电话里问了一句：“不会让小豆上台接受捐赠吧？不会把贫困生接受捐赠的画面拍成照片，发到学校微信公众号上吧？我不能为了500元的资助款让小豆的心灵受到伤害。”

我和田老师都说她想得太多，都什么年代了，教育工作者还不知道保护学生的隐私？小豆妈妈不放心，还是拨通了校长的电话。校长很恼火，话说得有点偏激。小豆妈妈是个自尊心极强的人，当即就放弃了这个指标，还把校长狠狠数落了一顿。

我暗自庆幸。“六一”儿童节那天，当我看到几十个家庭贫困生站在主席台上接过捐赠者递过来的信封时，我不得不佩服小豆妈妈的理智和勇气。我始终认为，这种慰问贫困儿童的方式，看似富有人道主义关怀，其实蕴藏着一种不人道的伤害。有哪个孩子愿意从小被贴上“贫困生”的标签，暴露在全校同学面前？从心理学的角度讲，这样的刺激，对于当事人来说，不外乎有两种结果：一是导致他们极度敏感和自卑；二是导致他们对生活产生不满情绪，甚至是仇视心理。

我心里很不安。后来小豆妈妈找到我和田老师，真诚地向我们道歉。

我说：“你做得对。该道歉的是我们，工作没做细，差点伤害了小豆。”

我们的交谈并不回避小豆，我们就是要让她感受到妈妈和老师们是多么爱她。这份爱是实实在在的，她的内心一定会充满快乐和幸福。

这就是“家校合作”的力量。

四

下课铃响了，田老师回到办公室，身后跟着灰头土脸的小豆。“老师，我错了，今后绝不带零食到学校！”我说：“既然你对话梅情有独钟，就罚你以‘话梅’为主题写一篇作文，采用‘一事一议’的写法，把事情的来龙去脉和对这件事的认识写清楚。”小豆乐呵呵地离开了办公室。

田老师大惑不解：“就这样饶了她？”我说：“想得美！这段时间，我们都不要搭理她，故意冷落她。当然，如果小豆妈妈能和我们形成‘统一战线’就更好了。”田老师听懂了我的话，连忙掏出手机给小豆妈妈打电话。

接下来的日子里，小豆被彻底冷落了，我甚至都不用正眼瞧她。她似乎察觉到形势不妙，拼命表现自己：抢着擦黑板，抢着帮值日生打扫卫生，抢着举手发言，作业也做得极其认真。小豆妈妈悄悄打电话告诉我们，小豆整天无精打采，一副失落的模样。她还说自己忍着不搭理小豆，有时还故意冲她翻白眼。

这天，我忍不住在课堂上表扬了小豆。下课了，我找来小豆，问她：“被人冷落的滋味不好受吧？”

小豆说：“老师，我真的知错了。我做错了事，老师和妈妈批评我，是为我好，我不该把好心当作驴肝肺，更不该冲你们翻白眼。老师，这是我写的作文。”

我接过小豆递上来的作文本，打开，作文的题目是《“话梅”在枝头歌唱》。我舒心地笑了。

常有一颗宽容心

◎泉水叮咚

新生入学后的第一个月，我把学生在寝室的床位、衣柜做了一次调整。周末送学生离校时，校领导打电话说有家长要见我，于是我急忙赶到校领导的办公室。在那儿，我看到了张华的妈妈。

她见到我，快步迎上来，满脸笑容地握着我的手，说："申老师，今天想请你帮个忙，我想你一定会同意的。"

我礼貌地回答："只要我能做到，一定为您效劳。"

"听说孩子们的床位和衣柜又做了调整，我家张华不想用7号柜子，想用2号或3号柜子！"说着，她还看了看校领导，意思很明显——暗示她已经和领导说了此事。

我笑着问："为什么呢？"

她说："我到寝室看了，2号与3号柜子和我孩子的个头一般高，不用爬梯子，方便一些。"

我想：那其他孩子爬梯子就方便了？不过，我还是笑着问："张华妈妈，我们第一次全体家长和学生的扩大会议您参加了吧？会议上大家讨论，然后举手通过的班规您还记得吧？当时规定，每一个床位、柜子、座位，孩子们轮流用，每一项卫生任务以及大小班干部都由学生轮流做，表决的时候您没有反对吧？"

她说："我今天是想让你照顾一下。再说我已经答应孩子了，还向他保证，说这点小事我一定能做到。"

我说："我觉得这可不是什么小事。全体家长、学生讨论通过的班规，我这个班主任也不敢随便改动。如果您一定要让孩子用2号或3号柜子，我就再召开一次家长和学生的扩大会议，只要大家没意见，就照您的意思做。"

此时校领导也说："张华妈妈，让孩子爬爬梯子锻炼锻炼也挺好的。"

张华妈妈听我们都这么说，便勉强地挤出一丝笑容，说："那就算了吧！"

周日晚上，学生返校开完班会后，我布置了一篇题为"老师，我想对您说"的周记。当打开张华的周记时，只见上面只写了一小段话："老师，你说让我们心里想什么就写什么，那我就告诉你：周末放学时，我妈让你把我的7号床柜调成2号或3号床柜，你当着学校领导的面硬是不给我妈面子。从出校门开始，我妈、我舅和我一直都在痛骂你；今天我妈送我返校时，还对我说，我们交学费是为了到学校学知识，将来考名牌大学的。你这个班主任太不要脸了，不值得我们理睬！"

那一段话，使我本来沉静的心变得激动起来。我难过极了！

虽然师生冲突是教育生活中无法回避的现象，虽然老师在不被学生和家长理解的情况下都有可能挨骂，但做了多年班主任的我，被学生将谩骂公开写在周记里还是第一次。

一个接一个念头在我的脑海里闪过：把这个学生马上从教室里揪出去，并且当他的面将周记撕碎？给他的妈妈打电话也回骂她一顿？给学校领导施加压力把他调回他原来的班？再开一次家长和学生的扩大会议，让大家评评理……可另一个声音又在一次次否定：不行，不行，我是个老师，打学生、骂家长岂不显得自己太没修养？就这点小事去找领导或召集学生和家长来评理，岂不是小题大做？再说学生和家长在误解我的同时也一定很痛苦。从事教育工作这么多年了，这样的事情遇到得还少吗？只不过这次的恶劣程度超出以往任何一次罢了。哲人不是说“错误在所难免，宽恕就是神圣”吗？还是理智地运用被我一向奉为圭臬的“宽容”吧。

调整情绪之后，我在张华的周记后写下几句话：“张华同学，老师看到你这篇周记后感到很欣慰，因为我发现你是一个非常诚实的孩子，只要你今生拥有了这份诚实，你一定会得到来自老师、同学、家长的厚爱!提个建议：周末把这篇周记带回家，也让你妈妈和家人与我分享一下你的诚实！并希望你家人看完这篇周记后，也能写一点感想在上面……”

得到我肯定和表扬的张华平静地度过了一周，周末大家把周记带回了家。

周日下午学生返校，张华来得最晚，身后还跟着他的妈妈和姥爷——一个退休老干部。

当时，张华妈妈忐忑不安地搓着两手，语无伦次地跟我说：“申老师，你看，这……这叫我该怎么说好呢？”

我微笑着说：“让张华进教室，我们到办公室谈谈吧！”

走进办公室，我给父女俩搬凳、倒水，请他们入座后，张华的姥爷开口了：“申老师，孩子们的事我都知道了，你这么大度，反而让我这个做家长的更加愧疚！”

张华妈妈听她父亲这么一说竟哭了起来，说：“申老师啊！你不知道，孩子一岁时我就和他爸离婚了。我发誓不让孩子受一点委屈，平时孩子要求什么我都尽量满足他，没想到他的要求越来越高。如果哪一次不能满足他的要求，他就会在家里丢东西。问他时他就会理直气壮地告诉我：‘报复你，到大街上去找吧。’”说着，她打开手机，“你看看周五晚上张华给我发的短信吧。”

我接过手机，只见上面写着：“作为家长，你不能实现你的诺言，真不要脸。以后你再敢说话不算数，我决不客气。不信？走着瞧！”

我说：“难怪张华入学才一个月就和几个同学产生了矛盾。课堂上只要他举手，如果老师没有点他回答问题，他就会甩着书说老师看不起他，说不做这一学科的作业之类的话。元旦时他把班级活动的录像私自拿回家，学校急需时，连续通知他两次，他都没有带来，于是我批评了他。后来通过和你们沟通才得知他是为了给班里刻光盘才没有及时拿回来的，我觉得委屈了他，就当着全班同学的面向他道歉。他不原谅我，我又给他鞠了一躬，没想到他对我说：你以为给我道歉鞠躬我就能原谅你吗？如果你杀了人，道歉鞠躬能把人救活吗？”

张华的姥爷还没等我把话说完就激动地站起来，说：“这孩子也太过分了，怎么能让你给他鞠躬呢？这个躬应该由我给你鞠。”说着便站起身来要给我鞠躬。我忙拉住老人，说：“从人格上说，孩子和大人都是平等的，我们都要以理服人！我倒很感谢张华给我提出了这么个严肃的问题，使我能够不断地反思自己的行为。但孩子过于以自我为中心严重地影响了他和同学们的关系，以至于没有同学愿意跟他同桌。今天从你们的谈话中我又得知张华也没把你们的感受放在心上。如果咱们这样无原则地宠着孩子，岂不是要毁掉孩子的一生？”

张华的姥爷和妈妈抢着说：“那怎么办呢？我们真的是没办法了！”

看着焦急的父女俩，我顿了顿，很肯定地说：“这很好办，只要你们能理解、配合和支持我们学校的工作，我保证三年后孩子会有良好的转变。”

我这么肯定地回答有两层意思：先给焦虑中的父女俩一点信心和希望，促使他们能够配合我的工作；根据我多年带班的经验，让一个“问题学生”三年后在原有基础上产生转变，我还是有把握的。

张华妈妈激动地说：“申老师，你说吧，只要让孩子有出息，能为我争口气，我一定配合和支持学校的工作！”

在以后的日子里，张华妈妈自告奋勇地做了我班家长委员会委员，积极地参与班级的各项家校活动。用她的话说，她就是我的“铁哥们儿”！更可喜的是在这一过程中，张华家长教育孩子的观念、方法以及教育情感都在逐步转变，并促进了张华的思想和行为的转变。

在家长的配合和支持下，根据张华爱张扬的性格，我力荐他做学校的广播员。他积极地采访、组稿、播音，受到了师生的一致好评；在学校“五一”“十一”大型家校联欢中，因表现出色，他曾两次接受市电视台记者的采访，并在市电视台组织的青少年才艺大赛中荣获一等奖。我又推荐他做初一思品课“怎样拒绝身边的诱惑”辩论赛的主讲人，当时，面对众多听讲的师生和家长，他思路清晰，落落大方，不但引导同学们积极参与到辩论中，而且还鼓励听讲的老师和家长参与辩论，把比赛推向了高潮。他的妈妈在辩论赛中感受到孩子优异的表现，激动地写了篇教育孩子的文章和大家交流。

张华非智力因素的开发和良好行为习惯的养成极大地促进了他文化课成绩的进步，一年后，他不但被评为班级“三好学生”，还获得了学校的“飞跃奖”！

老师与学生的冲突、老师与家长的冲突，是教育生活中无法回避的客观存在。一般人讨厌冲突，因为冲突不但挑战了老师的权威，而且还损害老师的尊严，更有甚者还会对老师的身心产生伤害。但冲突也有它的价值，因为有了冲突，学生在心理上的缺陷才会彻底地暴露出来；因为有了冲突，家长在教育孩子方面存在的问题才会完全地显现出来；因为有了冲突，一个老师的涵养和素质才能淋漓尽致地展现出来。只有直面冲突，才会认真思索，去寻找最好的处理办法；认识冲突的实质，才能把握住问题的根源，从而从根本上解决问题；正确地利用冲突，不但能以此为切入口帮助学生走出为人处事的误区，而且也能使一个同样需要不断前行的老师的修养和能力得到提升。在这次冲突中，张华的心性和品质得以显现，张华家长的教育意识也被揭示出来，而我则充分地利用这些有益的资料，因势利导，对症下药，由此取得了比较理想的教育效果。

教育生活中冲突是难免的，问题就在于你能否用智慧去面对它，用理性去引导它。解决冲突，利用冲突，不但要有足够的涵养和定力，更要有一颗宽容的心。

漫漫家访路

◎施　蓓

一

飞飞读一年级时，我和他的家长三天两头地面谈，谈的内容不外乎飞飞在校表现得好与不好，以及我们家校两方该如何应对。

因为低年级都是家长接孩子，这样的面谈总是不请自来。飞飞的爸爸、妈妈、爷爷都健谈，他们对飞飞寄予了无限厚望，对飞飞在校的一言一行都要了解得一清二楚。而我则是因为飞飞的教育着实让人头痛，需要家长的配合，每每和家长交谈，到天黑沉沉了才披星戴月地踏上归程。

如果能帮助飞飞改变，累一点，我觉得也值。然而仅一个学期，我与飞飞家长的谈话就陷入僵局：我一次一次委婉地告诉家长，仅仅依靠教育是不够的，飞飞的很多状况是病态的，是需要治疗才可以改变的。而飞飞家长想方设法地让我知道，飞飞很聪明，他身上的毛病是家长无意惯出来的。

对于心爱的独子，谁能坦然接受和面对孩子“有毛病”的现实呢？又是一个学期的晚归！我有些郁闷，但家人鼓励我：说不定对这类疑似多动症的孩子，你会发现应对之策。

我的好胜心又萌动了。可与困难作战的过程是备受煎熬的：飞飞把同学的东西都扔到窗外去了！飞飞搅得老师们无法上课！飞飞总是拣食地上的脏东西！飞飞又在楼梯上推人了……

爱一个孩子容易，但我要爱的不只是飞飞啊！他影响整个班孩子行为习惯的养成，他常带给其他孩子威胁。这是最让我上火的事！

飞飞对于自己犯的错相当“坦然”，任我“软硬兼施”，依然照犯不误。我深深觉得说教的无力。在多回合的“斗争”中，我寻到了一种交锋的新思路：惩罚他干一些有益于他的事情。当飞飞犯错后被“请”到办公室，我不再浪费口舌，而是取一本书让他看。从拼音读物到老师桌上的书，办公室的书刊报纸，有什么就给他什么，哪怕是《小学生行为规范》。

终于，我说服飞飞的母亲带孩子去检查。

二

就诊后，飞飞开始接受治疗：感统训练、心理治疗、穴位治疗……除了知道孩子有多动症外，我没有过多去打听。

刚知道孩子“有毛病”那一阵子，飞飞的爸爸、妈妈常常争吵。当初把飞飞当神童培养的那种过高期望与残酷的现实间巨大的差距，让他们精神崩溃！

一段时间的压抑之后，这个家庭又爆发了一股力，那就是把希望寄托在治疗上，积极治疗，观察效果。飞飞家长更为关切孩子在校的一举一动。他们期待我能天天事无巨细地汇报，这让我精神倍感压抑。在权衡之后，我答应每周给他们汇报一次——写满一张A4的纸。

飞飞用药后显得萎靡不振。过一阵，又兴奋得不得了。一问，原来停药了。就这样，他一两天没精打采，一两天亢奋癫狂；一会儿可以同步学习，一会儿又故态萌发。我和飞飞家长也随着他的表现好坏大喜大悲。药物和治疗确实有一定效果，但正如医生所言：你以为什么病上医院来就能治好?

没多长时间，孩子的情绪明显变得抑郁了。从往来的交谈中，我发现飞飞的爷爷、奶奶、爸爸、妈妈在教育观念上存在很大的差异，家里总是争吵、埋怨声不断，这是导致飞飞极端情绪化表现的重要原因。飞飞如果在起床时不高兴了，来到学校就爱打人。他的情绪失控，让我焦虑不已。我甚至绝望地想，他要毁掉我了，我的身心都不健康了——在校，我得看着他；放学，我怕碰到他的家长；回家，我要在家人面前埋怨他；周末，要回忆他的种种劣迹写汇报；随时回答飞飞父亲一天三四次的短信、电话询问……更可怕的是，我担心他伤害别人或者他自己!

这时的飞飞，在期中考试卷的作文纸上，只写了四个潦草的大字：爸妈真坏!

一学期一次的家长会，飞飞父母也不再参加了。

三

什么是耐心？飞飞成为我的学生之后，我彻底明白了：耐心就是把一切不美好的记忆忘掉，把每天或者每周都看成一个新的开始，带着愉悦的心情去发现他身上美好的东西或者有美好苗头的行为，就像赞美其他学生一样及时地赞美他、帮助他。而且还得保持这样平和的心境：不要奢望他能因为你的赞美而坚持点什么。

我又与飞飞家长做了几次长谈，我开始拒绝事无巨细的汇报。对于一个多动症的孩子来说，每天的错事都是大同小异的，了解这一点就够了，向家长汇报我尽量简单到“有进步”或者“没进步”。这个调整对于我来说，真是救命药，我不再纠结于飞飞带来的烦恼。这样，当我第二天遇到他，就可以舒展着眉头对他说，今天我们一起忘掉昨天我生你的气，你对大人们的气恼，好吗？

课堂上，我对飞飞的管教策略是：坐在座位上不闹堂，可以看书。这个孩子迷上了看书读报，这时课堂就恢复了正常秩序。但想他上课时完全不闹，那是不可能的，他看累了放下书时就又想“大闹天宫”了。

不久之后的一天上午，再度抑郁的飞飞拿着一根树枝四处抽打同学，有路见不平的孩子冲上去，试图夺下枝条。我匆匆往楼下跑，下去时飞飞却不见了踪影。据说，因为他的树枝条被制止他的孩子折断了，他愤怒地掐住了那孩子的脖子，保安分开他俩时，他猛一挣脱，被花坛绊倒，扎扎实实摔了一跤，爬起来就跑走了。他摔得怎样了？我和学生急忙寻找。飞飞却躲着我们。看到他动作敏捷，也没有哭，我一颗悬着的心稍稍放下，把事情通知了家长。

飞飞母亲说：老师别找了，待会他会回去的。铃声响了，飞飞没有回教室。于是，我和两个学生继续再找，当我发现飞飞躲闪欲逃的身影时，我决定缓一缓，不找了。猫抓老鼠的游戏玩上瘾了，可不好应对。

第四节课飞飞依然没有上。吃饭的时候该回来了吧？还是没有。我打电话给飞飞家，他妈妈来了，望着并不十分大的校园，却找不到儿子的身影，她哭了。我也很难受，我们翻查监控录像，确认飞飞并没有离开校园。

在回放的镜头中，我们看到飞飞在校园里后退着疯跑，撞到一个同学，又撞到一个……我们看到飞飞挥拳打人……他简直是疯了！

我和韩校长一处一处地找。计算机室的邓老师说飞飞曾偷摸进来过，刚跑掉！最后我们在三楼会议室的吧台下找到了他。他蜷缩在里面不出来。任妈妈在外面如何地劝，他就是不肯出来。于是，我过去跟他说：摔疼了没有啊？心里有什么不舒服的事，说出来就好了。说着，我伸手一拽，他出来了。

出来后的飞飞眼珠乱转，脸上一片茫然。我懂得他气撒完了，现在有了一点闯祸后的害怕！妈妈又是伤心又是生气，冲着他大声说："是数学老师对你不好，还是施老师对你不好？"一直嗫嚅着的飞飞不耐烦地吼叫起来："你又说这样的话！你总说这样的话！"妈妈流泪了："那你就好好说！"之后，我们听飞飞妈妈说，前一天晚上飞飞爸爸打了飞飞，伤了孩子的心，孩子委屈没办法宣泄。其实我也能理解飞飞爸爸的心情，但这样的教育方式必须改变。

望着飞飞时不时浮现的笑脸，只有我知道，他的笑有时并不代表高兴，所以总让人感到诡异。我的心里有种莫名的悲哀——一个孩子他有多绝望才会失去控制地疯狂起来啊！

第二天，我和他聊天，像往常一样，他有很多东西不想说，他说他忍习惯了。我没有逼他，只是轻轻地在他耳边说："学会倾吐，了解你的人就多，喜欢你的人就多，朋友就多。而且，和朋友分享了伤心事，伤心就会减半。"他拉拉杂杂地像是自语着，我认真地听，我看到他此时的笑容里有的是轻松。

"今天和你谈得很愉快，能牵着手一起上楼吗？"他勉强答应了。我又说："要是哪一次牵你上楼不费劲就好了。"他立刻调整了身子，尽力配合。我高兴地说："这样真好！"我很开心，因为平时他不愿意和人牵手。今天我放心了。

经过这件事，飞飞家决定由飞飞母亲负责管理他。我们经过沟通，觉得在家里要让飞飞感受到爱，要借助飞飞的喜好来约束他的行为。

不久之后，这个让我敬佩的飞飞妈妈终于有了治儿良方，每次飞飞表现恶劣，我就打电话告诉他妈妈，他会马上改错。我也非常珍惜这样的可以约束飞飞行为的招数，不到万不得已绝不打电话。

四

那时候，我们碰到了一本好书——黑柳彻子的《窗边的小豆豆》。主人公小豆豆就是一个多动症的患儿，她在小林校长的学校心智健康地成长，最后拥有了健康成功的人生。

当时班上很多孩子都讨厌飞飞，暗地里撩惹他、捉弄他，甚至刺激他“发疯”。而飞飞也一直得过且过地闹着度过每一天。在“同读一本书”的活动中，我向学生隆重推介了这本书，我对学生说：我相信飞飞会成为像豆豆一样成功的人。

有一阵子，飞飞当上了图书管理员。他很满意这个“官职”，可是“责任心”却不能持续多久。他只顾自己读书，又懒于整理，还常常因为急于表现而闹出些哭笑不得的事情——他为了给班级争分，给很多书都写了留言，可这些留言不是字迹潦草，就是语言粗俗无意义。最后因为丢了书，他也疏于管理，这个岗位换了人。

后来，飞飞又上岗了：钥匙管理员。他每天起得特早，总抢着第一个到校。对他的积极我及时给予了表扬。可没多久，他又违反校规，趁来校早就出校门逛去了，甚至有时忘记了开门。他表示不想干了。我征得飞飞的同意后收回了这个岗位。

不久之后，飞飞看上了一个更光彩照人的岗位：领队员。每到做操时，只有他这个领队员举着班牌，左顾右盼地走在队伍最前头。老师见了却都暗暗说好，因为他从来都不曾规规矩矩地站过，这个岗位锻炼他最好。

开心没多久，这个岗位没法让他做了，他老是嬉笑打闹，跟这个打招呼，跟那个骂一句，影响恶劣。他又回到了队伍后边。

当然，达不到岗位要求则必须下岗——这样的“严格”，更是对他加入下一个岗位的肯定——你达到要求了。

望着这个时常让我忧心让我烦恼的飞飞，回想起他对我无数次的挑战，我总结出与他的相处之道：既要有慈爱的一面，更要有智勇的一面。一味对他好，他会肆无忌惮地吵闹。面对他的无理需要特别对待。

记得飞飞上二、三年级时，他在课堂上下位疯闹，我喊他回位，他只望了我一眼，继续对着同学打闹嬉笑，同学敢怒不敢言，默默地忍着。科任老师的课上，他更是任性胡为，让老师们束手无策。我生气地走过去，狠狠地盯着他看。他毫无惧色！他潜意识里在向我挑战了。我伸手拉他，他顺势要赖坐在地上不起来。我被激怒了。因为我知道如果在每一次对决中输掉，他会变得更嚣张。我猛一使劲把他拽起来，从嘴里硬硬吐出几个字：老师叫你起来，你就得起来！我把他往旁边的座位按下去，又说了一句：老师让你坐下，你必须坐下！他瞪着我，被我的“威力”震慑住了。我平静地坐下来，挑衅地说：敢和我比比手劲吗？他连忙伸过手。一旦他使力，我便迅雷不及掩耳地发力，毫不留情地掰倒他！连续三次后，他拒绝再比了。他在我面前又恢复了听话的样子。我继续上课。

他无数次要滑头被我识破——不妥协是我对他的态度——让我安慰的是，他始终没有对我失望，在他好些的时候总希望得到我的青睐——因为他知道施老师对他有期望。

就像孩子的病一样，犯病的间隔长了，就意味着更健康了！

五

前不久，我去722所家访，我们班有几个孩子住在那里。我让飞飞带路，由另一个孩子安排家访路线。飞飞家被安排在第二个受访。当走到他家时，他兴奋的叫声足以惊动四邻。接待我们的是飞飞的爷爷奶奶。我们特意与飞飞的小书架合影留念，还查看了他的抽屉。我了解到飞飞家长准备让飞飞学钢琴。飞飞一家也将迁居新家。好事连连。

飞飞爷爷用塑料袋装着一袋芒果让我们带走，我谢绝了。爷爷让飞飞追过来，我对飞飞说：“听老师话，把水果放回去。”飞飞一副成熟的大人样，把水果递到爷爷手上，冲着爷爷说：“老师不许收礼！”

他继续给我们带路，返回时，突然下起了雷暴雨，我和数学老师把飞飞挤在中间，我们三人挤在一把小小的伞下。飞飞紧张得微闭着眼睛，两手捏成拳头竖放在胸前。伞外大雨，伞内小雨，我和数学老师大半个身子都在伞外，我们说着话，那种同甘共苦的机会，那份亲昵是少有的。

现在，飞飞每次经过我的办公室，都会突然地喊我一声，然后露出一个憨憨的笑脸，还挥一挥手。起初，我以为他有什么话要跟我说，次数多了，我才知道，他只是跟我打个招呼而已。

这条漫长的家访路，已经走了五年。向前望去，依然长路漫漫！

但愿我家的豆豆能健康成长。

尊重在前，合作在后

◎徐　丽

清早，我被手机铃声叫醒。“小安的妈妈不愿意参加‘十大好父母’评选活动，主要是不想再抛头露面，只想安安稳稳、平平淡淡地做个普通人。”看到年级主任发来的信息，我颇感意外，只好回复“可以理解”。虽说这是一件小事，却让我想到了当下的家校合作。

小安的妈妈是一名医护人员，驰援武汉参加了抗击疫情的工作。学校曾安排人员上门慰问，并对她的感人事迹做了宣传报道。临近岁末，学校开展“十大好父母”评选活动，因为她有典型事例，便成了合适的人选。然而，我们心中的“合适”却不是她心中的“合适”，她的主动放弃让我们意识到，只有尊重家长的选择，才有真正的家校合作。

家长和学生一样，也是活生生的独立的个体，他们也有自己的喜怒哀乐、酸甜苦辣。当我们发现有学生的读书作业没有签字，是否想到他的家长可能加班到深夜才回家？当我们责怪有学生不讲卫生、邋里邋遢，是否想到他的家长也许忙于应酬，只好让孩子独自做饭、独自睡觉？当我们抱怨某个家长没有在群里及时回复信息，是否想到他或许正在手术室里为了抢救病人连续工作数小时？当我们怒斥无视规定提前到校的学生，是否想到他的家长可能因为要卖菜不得不提前把孩子送到校门口……我们的家长是个庞大的群体，他们分散在各行各业，他们都有自己的生活轨迹。他们也知道“父母是孩子的第一任老师”，但家庭教育是他们的责任，却不是他们的全部。只有安居乐业之后，才可能高度重视家庭教育。他们有自己对教育的理解，也有自己选择的自由。当物质生活匮乏时，他们可以选择用自己的奋斗经历给孩子做最好的教材，让孩子从小学会自立、自理、自律、自强；当物质生活得到满足时，他们可以选择带孩子走进音乐厅、美术馆、图书馆、体育馆、博物馆，乃至外出旅游，来拓宽视野，认识世界。他们可以选择轰轰烈烈的人生，也可以选择平平凡凡的一生；可以选择台前，也可以选择幕后。

在自上而下重视家校合作的今天，为什么“一头热”和“一头冷”的现象时有发生？老师一声喊到底，所有家长都步调一致，也许并不是真正的家校合作。极少数家长因疲于应付，怨声载道，甚至以“退群”宣泄对老师的不满情绪，这也不是真正的家校合作。如何让家校合作这棵老树发出新芽，值得我们深入思考。

首先，家校合作需要分清场合，摆正位置。在学校，老师是学生成长的第一责任人；在家庭，家长是孩子成长的第一责任人。学校教育与家庭教育各有边界，二者不仅在教育的时间、空间与施教者等方面不同，在教育功能上也不尽相同。如果逾越了家校的边界，就会使家校合作的方式变形，必然让家长生厌。互相保留自己的时间和空间，平等相处，才能建立良好的家校合作关系。久而久之，家校合作产生良性循环，就可以帮助我们在学校里更好地开展工作，更快地成就学生。

其次，家校合作需要换位思考，互相理解。常常站在对方的角度思考，将心比心，很多事情就能释怀。例如“后疫情时代”，各种调查表、健康码纷至沓来，到了家长手中就成了规定做法。这时候就需要家长理解老师，为了每个孩子的健康和安全，认真填报，和其他家长同心协力做好疫情防控工作。而在日常教育教学工作中，老师发现学生有品行问题、学习问题，如果家长实在没有精力合作、没有能力合作，老师不能放着学生不管，调转枪口去责备家长、培训家长、折腾家长，要顾及家长愿不愿意、有没有时间。

最后，家校合作需要同心同向，携手共进。家长是学校教育最可靠的同盟军。双方同心同向，形成共同体，为每个孩子的健康成长贡献全部力量，才是最佳选择。老师少发号施令，多一些主动关心，多一些持续跟进；家长少责备抱怨，多一些主动询问，多一些积极互动。学生出现问题，老师与家长坐下来好好沟通，客观分析原因，共同解决。老师不仅要关心学生的心理健康，也要了解家长的心态变化，在激励、唤醒、鼓舞家长的同时，不吹捧谁，也不棒杀谁，不把家长分成三六九等，以合作者的姿态出现在每个家长面前。既然是合作者，如果家长配合得不好，也很正常，老师就以平常心对待；如果配合默契，老师就感恩在心。

家校合作虽积弊已久，但我们要始终相信，现在的“80后”“90后”家长肯定比他们的父辈更有教育智慧。长江后浪推前浪，相信他们，尊重他们，家校合作才会开花结果，“学生不苦、老师不累、家长不慌、学校不躁、社会不怨”的幸福愿景才能早日实现。

想到这里，下一期家校共育培训活动的主题已定——尊重在前，合作在后。

心能到，即不为远

◎马玉梅

“与我有关，天涯也咫尺。与我无关，咫尺也天涯。”家长会上，我环视满教室端坐的家长，沉静而深情地说。闻此言，他们不禁微微一震，面对这个一直腼腆而又拘谨的班主任老师，禁不住有些诧异，也有些动容。我走下讲台，接着说：“一位七旬老妪，平日因为耳背几乎不能与人正常交流，可是严冬的深夜，她竟能清晰地听见隔壁房中远归的女儿两三声轻咳；仲春的深夜，一位熟睡中的年轻妈妈，微酣如兰，忽而猛然坐起，惊言听见了儿子在隔壁的卧室里滑落地板的声音……其实，只要心到、爱到，空间的距离真的不是问题……”

就这样，我把话题引入了孩子们座位的编排。

科技迅猛发展的今天，地球也就是一个村子，更何况一座城市！尤其是为了心肝宝贝的孩子，七联八络，似乎所有人都成了熟人，成了朋友。于是，隔三岔五，总有托亲告友向我申请调座位的。理由也不再仅仅是视力听力自制力的问题，可谓五花八门不一而足，真让我烦不胜烦，伤透了脑筋。为此，思忖良久，我毅然决然召开了一次专题家长会。

做了十几年的班主任，最令我困惑的不是繁杂琐碎的班级事务，而是“位置”带来的无尽烦恼。其实，孩子坐在什么位置本是一个很单纯的问题，个子矮的坐前面，个子高的坐后面，天经地义，理所当然。然而事实上却远非如此！随着独生子女时代的到来，每个孩子都是家庭的中心，成了两代人甚至几代人捧在掌心的“小皇帝”。入学之后，“位置”自然成了整个家庭关注的焦点。他们总是担心孩子坐在后面听不清，爱溜号，且易被忽略，总是希望孩子坐得离老师近一些，再近一些，真是恨不能坐到老师腿上，挤进老师怀里，方能安心展眉。

身为一个母亲，我完全能够理解家长们的迫切心情，然而，作为一名教师，我又必须兼顾每一个孩子，坚守内心的原则，维护师者的公正和尊严。孩子是平等的，我始终以一颗师者的心爱着他们每一个。我不愿意因为不公允的行为破坏了自己在孩子们心中的形象，从而失去他们的爱和信赖。为此，对于所有的“不情之请”，我都婉言拒绝了。

家长会上，我平和而又坚决地亮出我的原则：身高是“纵向”的首要前提，之外力争“横向”的最佳组合：动静搭配，以静“制”动；强弱搭配，以强带弱；男女搭配，增进友谊，淡化神秘；照顾特殊个体，“法”外留温情；每两周大组轮换一次，以流动实现共享空间“好资源”，爱护每个孩子的视力。并且承诺：我的心和爱会抵达教室的每一个角落！

同时，我非常恳切地给他们分析了高个子孩子坐在前面的坏处：其一，势必挡住后面的孩子，影响他们正常上课，将人心比自心，谁的孩子被挡住了心里都不会舒服；其二，如果想坐在前面又不挡住后面的孩子，唯一的解决办法就是让高个子的孩子始终坐在前面的最边上，时间久了，势必会伤害孩子的视力；其三，顽皮的孩子调到前面，一举一动，都在全班孩子的视野里，孩子的自我约束意识毕竟是薄弱的，一个人动，一大片会跟着动起来，给整个班级秩序的维护带来很大的消极影响；其四，心照不宣，连小孩子自己都知道，高个子坐在前面，尤其是坐在讲台两边，无异于打上了“不守纪律”的标签，很容易给其他任课老师造成不良印象，影响孩子的形象，不利于孩子的快乐成长。

然而，不论多美好的蓝图，都不能等同于立起的大厦、铺开的草地、错落的花园，不论你如何的言之凿凿、情真意切，都不能彻底打消家长们内心的顾虑，熄灭他们内心的愿望——唯有行动和实效才最具说服力！

首先，我从教学设计上下功夫，尽可能地利用现有的教学设备，使课堂教学生动有趣，牢牢抓住孩子们的心。如果我的课能产生动画片《猫和老鼠》《舒克与贝塔》的效果，还愁坐在后面的孩子跑神溜号，不随着课堂教学团团转？孩子的心离我近了，前排至后排的距离能有多远？

其次，课堂上关注每一个孩子，尤其是坐在后面的孩子。关注他们的一举一动，尽可能多地给他们发言的机会，及时表扬他们良好的表现，激发他们的学习兴趣，使他们常常处在愉快的情绪中，对学校学习充满期待，每天清晨睁开眼睛，因为想到上学而迫不及待。孩子的心离快乐近了，前排至后排的距离能有多远？

再次，每天都认真做好教育日记，尤其是平时比较费心的孩子和坐在后面的孩子，做到对他们平日的表现了然于心：每一个阶段内，他们哪方面取得了进步，哪方面尚存欠缺，哪天错了哪种类型的习题，哪天的课堂上有了创意性的观点和表达，等等，随时随地依据需要，利用“校讯通”信息平台或者电话，及时与家长沟通，告知孩子的近况，取得配合教育的同时，让家长切实感受到老师的心和爱的确如己所言遍及每一个孩子。我的心和爱到了，前排至后排的距离能有多远？

终于，我用实际行动向家长证明，改变孩子和老师的空间距离不是解决问题的关键，培养孩子良好的学习习惯和学习兴趣，改变心的距离，才是解决问题的根本所在！这使家长们深深体悟：心能到的地方，即不为远！

别让微信伤害了你我他

◎周国平

微信所带来的便利，真是不言而喻；但是微信带来的问题，也是足够让人头疼的。当老师的，尤其是班主任，更是微信的受害者，但最终受害的是我们的学生。

开学初，小孩子刚入学，要面对新环境、新老师。许多家长都非常关注孩子在学校的情况，于是乎，通过微信问一问老师，成为最便利和最正常的渠道。今年，我女儿读初一，儿子读幼儿园小班，都是起始年级，家长的这种心情我非常理解。

但是，当我看到老师们到了深夜十一二点还在给家长回信息时，我就觉得问题有点严重了。我们来算一笔账：一个班级几十个孩子，如果每个家长都要给老师发微信问一问孩子的情况，老师平均用1分钟来回复，那么40个孩子就是40分钟。再加上学校工作上的微信通知和生活上的微信沟通，那么老师得花多少时间在手机微信上呢？

另外，还有一些微信消息真的会让老师难过好一阵子。更糟糕的是，这种情绪会直接影响到老师的工作积极性，影响到老师的教学。

如何使用微信进行家校沟通，真的是一门艺术。别让微信伤害了你我他。我是家长，是老师，也是校长，我对此有一些自己的想法。

先来看一个真实的案例吧。

前年，我建了一个全校家长微信群。在建群之初，所有的家长都表示会尊重学校的规定：不在微信群里发负面的信息，有问题直接打电话给我或者到办公室来找我。可是建群的第二天，群里就闹翻天了。一个家长投诉学校食堂的菜有问题，油有问题。紧接着，另外几个家长接连不断地发语音到群里，就好像他们好不容易找到一个机会，要把情绪全部都发泄出来。一些家长实在看不下去了，就开始与他们几个争执起来。那一整个下午，群里真是热闹得很。我作为建群的人，当然也有点小激动，通知班主任立即做个别家长的思想工作，另外通知这几个家长来办公室跟我面谈。这些本来就是子虚乌有的事情，很快就平息了。

下面，我就以这个例子，来谈谈我对与家长微信沟通问题的一些看法。

第一，我觉得家校之间应该有最基本的理念，那就是共同办好这所学校，为孩子们提供更好的教育。这是底线，我们自己的言语和行为，就不应该突破这个底线。任何破坏这个底线的言语和行为，我们都要抵制、拒绝。

在我看来，有许多案例中家长和老师之间的对话，都已经完全突破了这个底线。有的家长的目的好像不是解决问题，而是闹大问题。或许，家长可能真的就是这么想的。比如有的家长想给孩子换班级、换老师等，就通过其他导火索来引爆矛盾。我觉得这都是不明智的。

第二，有问题最好当面讲、私下讲或打电话讲。微信很方便，但是很容易让人产生误解。一些年轻老师给我发微信，还要来一个表情包，几乎每一次我都要查一查这个表情包是什么意思。微信文字的表述，每个人的水平不一样，表达方式不一样。有时候，家长内心的想法，并不是字面上的意思，或者说并不是老师所理解的文字的意思。

微信也会让人多虑。平时，我们讲的话嘴上一带而过，可是留在微信里，一些本身就有情绪的老师或家长，一看再看，越想越不对劲，就会产生不一样的想法。微信还具有延时的作用，比如大家经常可以在微信里撤回信息，而我们平时的对话，总不能说“我这句话撤回来重新再说”吧？多了一个撤回，是好事也是坏事，因为缺少真性情。另外，从经济角度讲，微信是一种没有代价的沟通——流量多得是，随便发发，不管对方什么想法，发了再说。

第三，一定要尊重生活礼节。不管是老师还是家长，与别人沟通时，一定要尊重他人的生活作息，不要在人家休息时去打扰人家。当然，特殊情况急需联系的，那是另当别论。

如果我们建立以上三种认识，那么家校的沟通应该会更加顺畅起来。

总的来说，如果只是提个建议，我喜欢私下沟通，因为私聊代表着一种尊重。如果有需要探讨的问题，我更喜欢电话沟通，因为电话里有对方的声音、语气、态度和温度。如果是重大问题，我觉得需要当面沟通，这是一种隆重和正式的对话。

但不管怎么样，请家长和老师始终坚持一个观念：我们是朋友，是合作伙伴！不要让微信伤害了你我他！

去家访吧，那是一片天

◎郭传兵

在小学阶段，家访一般都是语文、数学、英语老师的事；而其他学科的老师，学校很少安排去家访，其主动家访的现象也比较少。

在前段时间的“千师访万家”活动中，一位信息技术学科的老师向学校反映，他给家长打电话预约家访，却被家长婉言谢绝了。于是，班主任又尝试打电话预约家访，出乎意料的是，家长的态度发生180度的转变，不仅没有回绝，而且十分期待和欢迎班主任的到访。

这是教师家访现象的一个缩影。从上面的案例中不难发现：学科的差异和家长对待科任老师家访的态度存在一定的联系。“主科”教师家访，家长的态度比较积极；“小科”教师家访，家长虽不一定排斥，但在态度上却没有对待“主科”教师那么上心。家长眼中的“主科”，即考试学科。

家长的态度在一定程度上影响了孩子对待不同学科教师的态度。调查发现，学生上“主科”教师的课时，课堂纪律普遍要好于其他学科。而且，在完成学科教师布置的学习任务时，学生在执行力上，“主科”作业也是优于其他学科。这种现象并非必然，却普遍存在。究其原因，有两个方面：一方面是家长的态度在孩子身上得到体现；另一方面，学科教师自身的行为也有影响。

由于学科的性质，“主科”教师自身会关注学生的在校表现、作业完成、考试成绩等情况。在学生学习的过程中，教师能够及时向家长反馈学生的学习状况：或电话反馈，或叫家长到学校，或亲自家访……久而久之，在关注之中，“主科”教师和家长之间形成了一种内在的联系。因此，在情感认同方面，家长和这些学科教师已经跨过了陌生的围栏，彼此能够认同。于是，“主科”教师的家访也就成为一种水到渠成的自然。而这种态度的认同，教师作用于家长，家长作用于学生，反过来又促进了“主科”教师的“权威”的确立。

然而，“小科”教师在自己的课堂上，若发生突发事件，从自身评估学科性质的基础出发，往往采取回避的方式。当然，这里所指的并不代表所有的“小科”教师；但是，笔者在近二十年的教学中，看到的、听到的情况很多都是他们直接面对的少，交给班主任处理的多。不管这类教师处于何种心态，但“处理班级事务是班主任的事情”的思想已经在许多年轻教师的心里萌芽。这是一种可怕的现象。教师会回避，源于他们的担心——突发事件可能引起家校争端。

这样做的结果是否在本质上解决了课堂问题？其实不然。下面笔者将从一个具体的案例出发，和同仁们一起探讨。

去年带毕业班，一天上午，第三节科学课的下课铃声还未敲响，班上的小俊耷拉着脑袋，一副垂头丧气的样子，来到我的办公室，一声不吭，手里还拿着一瓶辣椒酱。问其原因，原来科学课上，他经不住辣椒酱的诱惑，竟以书遮面，拧开瓶盖，偷吃起来。自己吃也就罢了，小俊还十分“友好”地分享给最后一排的所有同学。科学老师发现后，十分生气，让“主谋”拿着“赃物”到办公室找我，交给我处理。详细了解了事情的经过后，我训斥了小俊，对最后一排参与“辣椒酱事件”的同学也分别进行了批评教育。

但事情并没有朝着科学老师希望的方向发展。好景不长，在后来的科学课上，小俊却成为科学课上扰乱课堂纪律的“常客”。这样的结局，不是我们想看到的。但是，科学老师的做法，无形之中已经让他自己和小俊之间建立起了一种潜在的课堂对抗模式。

撇开教师不谈，换位思考，如果我们站在学生的立场去考虑：这会给学生带来怎样的影响？科学老师的消极做法实际上是对学生的一种暗示：能够管得住他们的是班主任，其他学科的老师可以靠边站了。其后果更容易让学生产生一种“无所谓”的心态，科学老师的能耐仅限于“告诉班主任”。于科学老师自身而言，这一方面降低了其管理班级的“权威”认同，另一方面更加坚定了学生“班级事务班主任说了算”的处世信条。基于此分析，也就不难解释小俊的后期表现了。

反之，如果在上述案例中，科学老师采取积极主动的处理方式，果断处理班级事件，必要时和家长建立联系，专程家访，共商良策，帮助孩子改正不良习惯，我想，也不会导致“小俊事件”的再次发生。

“小科”教师回避处理班级事务，源于担心，那担心又从何而来？其主要原因是“小科”教师对家长的不了解，从而产生了处理班级事务的不自信。而家访这一传统的教育方式，由于其本身的价值所在，在现代教育教学中，仍发挥着举足轻重的作用，应该成为每一位教师教育生涯中的“必修课”。

你要问我家访的意义是什么？我的回答是，彼此能看见对方。这种面对面的交流，是微信等新型沟通方式所不能代替的。这种交流让教育有了温度与力量，拉近了心与心之间的距离，更容易让教师在教育实践中得出真知。

对教师而言， 如果不了解学生的家庭环境，就很难对“问题学生”“对症下药”。家访让教师可以直接跟家长沟通孩子的在校学习情况，也能通过家长了解孩子居家学习的真实情况，便于教师查找原因，指导家庭教育方法。

对家庭而言，家访也利于家长和孩子的共同成长。零距离的接触，更容易倾听到真实的内心世界。

对学校而言，家访既是学校教育理念的体现，亦是学校教育的延伸。家访无疑架起了家校沟通的桥梁。

家访是教育教学必不可少的环节，其深远意义毋庸置疑。家访是一场有温度的行走教育。每一次家访，都是一种温情的传递，更是一种热情的涌动。

苏霍姆林斯基说，教育过程中要充满爱和期待。如果把一份爱放在家访中，就会取得意想不到的效果。

来吧，朋友，去家访，那是一片天。

第四章

接手新班

教育应当是师生互相关爱、互相尊重、互相学习的过程，应当是师生共同成长、实现“双赢”的生命历程。教育需善待每一个鲜活的生命，尊重个性，尊重差异，用美好的心灵去创造美好的奇迹。只有这样，我们的教育才会闪烁出更加美丽动人的光彩！

美好的心灵创造美好的奇迹

◎谢称发

一

幽静的清晨，后山那片静谧的林子里，一个被称为“音乐白痴”的小男孩，邂逅了从前是乐团首席小提琴手、音乐学院最有声望的教授——一位极瘦的老妇人。为了鼓励这个心灵受挫的孩子重拾对音乐的热爱和对小提琴的自信，老妇人善意地谎称自己是个“聋子”，只能用心感受音乐，并且每天准时来到树林，用真诚的微笑陪伴着孩子，成为他林子里唯一的听众。无数个美丽的清晨，树林里，一个在默默地拉，一个在静静地听。她充满慈祥的眼睛平静地望着，像深深的潭水……

德国教育学家第斯多惠说过：“教学的艺术不在于传授知识和本领，而在于激励、唤醒和鼓舞。”这个男孩能从“音乐白痴”变成出色的小提琴手，是因为那位老妇人。用善意的欣赏与鼓舞、高境界的唤醒，教会了这个孩子自信、努力与坚持！这不正启迪着我们，美好的心灵可以创造美好的奇迹吗？

二

宽容、鼓励、期许、欣赏，这些都是教育的最高境界的体现。这位唯一的听众——“聋子”教授的做法，让我明白了何为高境界的育人之道——润物无声，静待花开。欣然间，我不禁想起了十几年前的那一幕……

“峰峦如聚，波涛如怒……”孩子们摇头晃脑，深情地诵读着经典。我环视着教室，倍感舒畅。突然，我发现小卿不读不诵，一直埋头写东西。出于好奇，轻轻地，我踱了过去。原来，这小子在传“情”：“淼淼，我昨天送你的笔好写吗？明天我再送你一块手绢，好漂亮哦！”我站在他身旁，静静地看着。忽然，他似乎发现了我，一扭头：“啊，老师！我——”他急忙把纸条揉成一团，一股脑儿地往嘴里塞。

“别！”我赶紧喝止，“给我看看。”这小子头摇得跟拨浪鼓似的。我微笑着：“老师想看看。”此刻，全班孩子也静了下来，所有的目光齐刷刷地聚集，空气似乎也凝固了。他战战兢兢地把那揉皱的纸团递到了我的手心。“谢谢！”我正准备转身，忽然，一个声音打破了原有的宁静。

“老师，念念！”一鸟扬声，万鸟呼应。

“老师，念念！”“老师，念念！”……

喊声，此起彼伏。我能念吗？可是，不念又难以满足孩子们的好奇心，接下来的课肯定无法正常进行。

“好吧，我念。”我说。只见这孩子怯怯地望着我，异常惊恐。

我故作不睬，大声念道：“少壮不努力，老大徒伤悲。”

“没意思！”捣蛋鬼冰冰说道。

“谁说没意思？小卿同学告诫自己，‘少壮不努力，老大徒伤悲’。他如此惜时，长大肯定大有作为！”我说。眼睛瞟过去，只见小卿用羞愧却饱含感激的目光看着我。我投以微笑，课如常进行……

是夜，我拉亮了台灯，打开备课本，忽然看到一张纸条，纸条上工工整整地写着：“谢老师，谢谢您！您的意思我明白了，从今开始，我一定铭记——少壮不努力，老大徒伤悲。您是我最敬佩的老师！敬礼！（小卿）”

那一刻，我忍不住泪水湿了眼眶，顿时觉得无比美好。我自知，这份美好，源于宽容，源于期待，更源于即时生发的教育智慧……之后的他，不断地给我带来惊喜。于是，我不免暗自庆幸：如此教育，甚好！

而今，小卿在美国攻读博士学位。透过那片幽静的小树林，我想起那位慈祥的老妇人平静得似潭水般的眼神，她说：“我是个‘聋子’。”那我视而不见，岂不是一个“瞎子”？

“聋”也好，“瞎”也罢，美好的心灵终归创造美好的奇迹。

三

2012年秋，我新接手了一批孩子，其中有一个孩子较为“出众”。孩子叫小煜，略淘气，班里同学给他起了个绰号“段三帽”（有点戏称其为“傻帽儿”的意思）。其实，小煜一点也不“傻”，倒有点古灵精怪，而且他确实有三个突出的“特点”。第一，专属“开门员”。这孩子反应特灵敏，无论你的课上得多么生动，只要关闭的教室门有一点风吹草动（有人敲门），无论他坐在哪个位置，无须老师的同意，他必定是条件反射似的第一个冲去开门。第二，另类“清洁工”。每天不管是不是轮值，放学铃声一响，他总会触电似的第一个冲到卫生角拿起扫把打扫教室，扫着扫着就扫到隔壁教室去了……第三，学习“犯困户”。一提学习就犯困，作业都懒得动手，成绩稳居后三名。前两个是优点——说明小煜反应灵敏、热爱劳动、心地善良、乐于助人；最后一个倒是让我头疼不已……

有一天，日已落，余晖在。处理完当日的教务工作，我如往日一般匆匆下楼准备驱车回家，却见小煜绕着我的车，左瞧瞧，右瞅瞅。

见我过来，他忙迎上来问好：“老师，您好！”

“怎么还没回家？我送你回去吧，上车！”

“好嘞！谢谢老师！”这小子心里笑开了花。

一路上，我们交谈甚欢，俨然是一对父子。

“小煜，这学期我要为你颁奖。”

“老师，真的吗？可是我又不优秀……”

“谁说你不优秀？第一个为人开门的是你，每天抢着打扫教室的是你，你不光打扫自己班的卫生，还经常帮忙打扫隔壁班的卫生。这说明你是个热爱劳动、乐于助人的孩子。不过……”

“不过什么？”他急急问道。

“你要是像热爱劳动那样热爱学习，我会更喜欢你的。”

“老师，我一定做到爱——学——习！”他近乎扯着嗓子在向我承诺。

我也学着他的样子扯着嗓子喊道：“你若能做到，可以天天坐我的车——回——家！”

“老师，拉钩！”当我俩的手指拉在一起的时候，一个美好的约定悄然而生……

打那以后，小煜像变了一个人一样，热爱学习胜过热爱劳动；而我也自然不会食言，成了这位“常客”的专职司机。

学期结束，小煜如愿获得三大奖项——“劳动小标兵”“小小活雷锋”“学习进步星”。小学毕业后，我的小车不再有这位特殊的“常客”，但他却不断地在获奖……

2019年7月21日——一个值得铭记的日子，小煜来了，他向我展示了北京理工大学的录取通知书。“老师，我考上了！”小煜眼含泪水，激动不已：“谢谢您！”

“小煜真棒！祝贺你，老师为你骄傲！”那一刻，我脑门一热，泪亦盈眶。

“老师，我还想再坐一次您的车。”

“坐车？好的，今天高兴，咱俩兜风去！”

那天，也不知绕城转了多少圈。我们在车上有说有笑，谈人生，谈理想，但更多的还是在回味当年那个特殊的约定。

时光荏苒，一晃七八年就过去了。我怎么也不曾想到，孩提时被同伴看成“另类”、叫成“傻帽儿”的小煜，会因我的一个小小的“善举”而改变，最终走进北京理工大学这座高等学府。

美国著名心理学家罗森塔尔认为，学生在接受了教师渗透在教育教学过程中的积极信息之后，会按照教师所刻画的方向和水平来重新塑造自我形象，调整自己的角色意识与角色行为，从而会产生神奇的“期望效应”。

我正是这样，给予小煜更多的尊重与鼓励、欣赏与期望。我认为，衡量每一个学生，不能用一把尺子、一个标准，必须要挖掘学生的潜能，让其进入生命发展的最佳状态，使学生感受并欣赏生命之美。

小煜的“崛起”，让我这份美好的心灵，再次创造了美好的奇迹！

四

每每我看到诸如“爱心专列”“爱心专座”之名，都会很自然地想起那份美好的回忆。曾经，我在班里也特设了一个“爱心专座”——第52号座位……

凯子，是我几年前教过的一个孩子。这孩子长得还算高大，性子火暴，自控力差，爱捣蛋，生活邋遢，不爱学习，属于众人眼里典型的“问题生”。隔三岔五，我不是收到班上同学、任课老师的投诉，就是收到学校的“通报”，着实令我头痛不已。起初，为了转变凯子，我几乎耗尽了全部精力，但收效甚微。

几经周折，我甚至冒出一丝想要放弃的念头。“真要放弃凯子？”我反反复复地叩问自己。若真放弃凯子，良心的谴责会令我坐卧不安。因为我知道，对于一个家庭来说，孩子就是全部的希望。放弃一个孩子，无异于放弃一个家庭。于是，我耐下性子，继续想着法子来融化这块“顽冰”……

一个偶然的机会，我读到徐观华老师的文章《第38号座位——“爱心专座”》，于是我灵机一动。

当初为了“看住”凯子，我在讲桌旁设了一个0号座位，硬是把他固定在了老师的眼皮子底下。但这无异于给全班孩子释放了一个信号：凯子是个“捣蛋鬼”“问题生”！于是乎，凯子与同学间的界线越划越清。受孤立的凯子，也许是破罐子破摔，也许是为了博得老师、同学们的“注意”，常做出一些“出格”的事，自然是在情理之中了。看到徐老师的“爱心专座”，我为我的0号座位感到羞愧。

除了凯子外，班里还有51个孩子，我何不设立一个第52号座位作为“爱心专座”？于是那个周末，我果断撤了0号座位，学着徐老师在教室后排正中间放上一张与众不同的单人课桌。这张桌子比其他桌子高一些，桌面也更大，还套上特制的蓝色桌套，椅子也套上了椅套，大有鹤立鸡群的感觉。桌子前方竖着一块木牌，上面写了“爱心专座”四个红色艺术字。“爱心专座”的两边分别写着“需要同学们的帮助”“需要老师们的关爱”的提示语。

周一一大早，我就来到了教室，恭候“神兽们”的雀跃回归。

“哇！爱心专座！”

“老师，给谁坐的？”

“老师，我能坐吗？”

…………

早上8：00，孩子们陆续到齐。我向所有孩子郑重宣布第52号座位——“爱心专座”。

“孩子们，咱们五（2）班是个有爱的大家庭。你们认为谁最需要老师、同学的爱心帮助，请写上他的名字，一人只许写一个名字，也可以写自己的。”

8：20，统计结果揭晓——凯子全票通过获得“爱心专座”资格。这多少有点让我感到意外。

“掌声恭喜凯子同学！”我高兴地说。

在同学们热烈的掌声中，凯子坐到了第52号座位——“爱心专座”。

“同学们，请看大屏幕。”我打开投影，说，“坐在‘爱心专座’的人将会享受以下优待：①每节课至少有一次回答问题的机会；②教师须面批其作业；③班主任每天须与其谈心一次；④班干部须对其进行全方位的帮助；⑤可以优先参加班级、学校开展的各项活动；⑥坐满一周，将会被评为班级‘进步星’。”

十几分钟过去了，凯子一直老实地端坐着，头一回见他如此享受，仿佛生怕别人会夺去他的“爱心专座”似的。我窃喜，打心底里感谢徐观华老师的好方法。

“与此同时，坐在‘爱心专座’的人也要遵守以下规矩：①自觉遵守班规校纪，不骂人，不打架；②每天须改掉一个‘小毛病’；③一周内须为班级做两件以上的好事；④上课必须专心听讲，认真做笔记；⑤作业书写必须认真工整；⑥必须时刻接受全班同学的监督。”

“凯子同学，你能坚持做到吗？”我问。

凯子频频点头：“老师，我能做到！”

一周，两周，三周……

一个“进步星”，两个“进步星”，三个“进步星”……

凯子在“爱心”的沐浴下，悄悄地改变——向美，向善，向优……

而今，他不再需要“爱心专座”了。凯子的变化，是他成长经历中一次转折的实现。我庆幸当初的不抛弃、不放弃。

“爱心专座”，又见一美好的奇迹。“爱”——多么美好的字，一枝一叶总关情。苏霍姆林斯基说：“没有爱，就没有教育。”夏丏尊先生说：“教育上的水是什么？就是情，就是爱。教育没有了情爱，就成了无水之池。任你四方形也罢，圆形也罢，总逃不了一个空虚。”

二十八年的教育生涯，我越来越懂得：教育应当是师生互相关爱、互相尊重、互相学习的过程，应当是师生共同成长、实现“双赢”的生命历程。教育需善待每一个鲜活的生命，尊重个性，尊重差异，用美好的心灵去创造美好的奇迹。只有这样，我们的教育才会闪烁出更加美丽动人的光彩！

全盘发力，让散沙汇聚成塔

◎杨雪梅

即便已经干了十多年班主任，我依然为新学期刚分到的这块“烫手山芋”头疼不已。由12个智力落后的初中学生组成的班级中，有的学生因自闭常常情绪失控，有的学生因多动在凳子上坐不了几分钟，当然更多的是让你永远也摸不透下一步会出什么招的“熊孩子”……

领导亦有领导的苦衷：“有的家长是循着各种门路找上来，点名道姓就要去你的班；有的孩子是一般的班主任镇不住的，你办法多，只能交给你试试。”面对看似一盘散沙的班以及家长、领导的厚望，我意识到这绝不是一个人能够应对的情况，唯有发挥多方合力，才能破局立班。

拉家长“下水”

在一个和谐而富有凝聚力的班级的构建中，禀性不同、或顽劣或执拗的孩子都不是最大的问题，最令班主任头疼的恐怕是认知各异又习惯于以自己的视角和理解对教育指手画脚的家长们。毕竟，在教育的现实世界中，“老师太严厉了，没有爱心；太柔和了，镇不住学生；太粗放管理了，养不成好习惯；太事无巨细了，限制了孩子自主发展”之类的苛责，皆是出自不同“胃口”的家长之口。因此，管理班级的第一步是能够赢得家长的信任、支持和有效参与。

“各位家长好，今天是我们第一次碰面，老实说，这个班我真是不想接，也去找领导推辞了好几次，做了这么多年班主任有些累了，而且咱们班的孩子情况也有些复杂……”与家长们第一次碰面,我就露出了极大的不情愿。“哎呀杨老师，可别，我可是费了好大精力才把孩子安排到你的班上的。以前我们村凯的妈妈一直说杨老师是个特别会管教孩子的班主任，后来我每次路过你带的班门口时，都觉得这个班的孩子特别有精神又守纪律，你可千万别不干呀！”我故意挂出来卖的关子很快便引来了“主顾”，臣的妈妈已经迫不及待地把底牌和盘托出，很快另两位也“有所要求”的家长就附和了起来。在这种气氛的烘托下，其他“随机”而来的家长也都兴奋得如同中了彩票一般：“原来我们运气这么好，碰到了一个特别优秀的班主任！”于是，家长统一战线联盟很快形成了，他们就一个想法：为了自己家孩子的成长，请杨老师一定要继续当班主任，有什么家长能做的，请尽管开口吩咐。

见全体家长都纷纷遂了我的愿“主动跳到水里”来，我便就势介绍了自己以往的带班之道：“理性爱每一个孩子。原则性问题，需要孩子遵守的规矩，来不得半点放任，必须严格要求；孩子表现出色的地方，也毫不吝啬肯定和奖励。作为一个班主任，我要以一个放之社会能适应的原则去培育我所带的孩子们。”“优秀班主任”的话自然是很有道理的，家长们纷纷点头表示赞同。随后，我指出了短时的观察后所了解到的每个孩子的状态，先肯定每个孩子身上的亮点，然后指出了接下来哪些方面可以得到纠正。家长们更是用彼此间的低语交流来表示自己的心服口服——人家杨老师一眼就能看出咱孩子的问题。他们哪里知道，为了这次家长会，我可是提前四处拜访、全方位观察，做足了功课呢。

见时机差不多成熟了，家长们“全力支持配合”的表态也差不多了，我便对家长们提出了“小小”的要求：“为了孩子们健康成长，也为了让咱们的班级尽快齐整有序起来，偶尔可能需要家长配合下我的工作，对孩子的要求也尽量和我保持一致，就一个目的——为了孩子的成长。另外，一定要多沟通，没有什么问题是沟通解决不了的！”

就这样，我的班级管理工作得到了家长们的鼎力支持。怎样的帮助能让好动的孩子尽可能长时间地投入学习，怎样的陪伴有利于内向的孩子尽早融入群体，怎样的持续训练可以让孩子身心得到康复……无须刻意要求，只要在随意沟通中把一点点建议加进去，家长们就会马上行动。毕竟，别的家长可都是“很配合很努力”呢，谁都不愿意让自己在众目睽睽之下信誓旦旦的表态变成别人眼里的“只说不动”。更何况，在这样的尝试与坚持中，孩子的成长与变化确实是家长看得见的，这种配合的动力自然就更足了。

引学生“上钩”

如果说家长对班级建设的参与和支持是一种奠基工程的话，那么学生对班级生活的渴望、对校园生活的融入、对班级制度的遵守便是一种关乎拔节与生长的事。我的心中纵有诸多班级建设的美好设想，也得学生愿意“上钩”与我共同努力。

有自闭倾向的孩子心扉紧闭，只有长时间的碰触才可能轻轻打开一条缝；多动的孩子对外面的世界永远充满着好奇，除非教室里足够的精彩，才能留得住他们时时跃动的心；青春期的心灵永远潜伏着不安分的情绪按钮，一不小心碰错就可能有想象不到的意外发生。在这几种类型的学生的成长中，我必须用尽可能多的时间在教室里打造出一个有气场的成长“焊接点”，既便于管理，又能让学生成长中的心灵有所安放，让成长中的生命拥有厚积薄发的力量。

为了让所有的孩子都喜欢共同生活的班级，进而在班级群体的影响和浸润中不断修正自己的行为，我从三处着手，为孩子们打造了有吸附力的集体生活。一是每天早晨精心为孩子们营造一段特别的相处时光：今天讲一个故事，明天出去做一个集体游戏，后天再临场编一首儿歌共同诵读……没有人知道下一站会有什么样的惊喜和精彩在等待着，每个人也都对明天的时光充满了憧憬和期待，甚至有些孩子还会献计献策，为第二天早上活动的开展提供建议。看似随性而起的晨间活动设计，其实却是我刻意通过不同的手段使孩子们朝着良好班级所需的方向前行。二是为每一个孩子栽下一棵见证成长的绿植：孩子们自己选择想栽种的植物，自己观察、养护，我负责提供技术指导和支持。为了让孩子们将守护植物的成长当成守望自己的成长般悉心，我巧妙地把每个孩子的名字与植物命名相结合。比如成君是班上一个虎头虎脑的孩子，他种下了一株虎皮兰，那一盆就被命名为“虎虎成君”；小芳的含羞草在教室里迎着光亮散发着绿意，我就给它取名为“芳草青青”……与其说是种下了植物，倒不如说是将孩子们不太安分的生命栽种到了更适宜生长的土里，种植、观察、守望、拔节，无论是哪种类型的青春躁动的孩子，都会在与绿色的自己相守相伴的成长中明朗起来。三是不定时发布“美丽成长”播报：谁在哪节课上因努力而出了彩，谁做的微小举动温暖到了他人，谁不经意间维护了班级的形象，等等。我或者其他老师都会在了解后及时公布，并隆重地以投学生所好的方式进行“微”奖励，比如与老师同桌就餐、把学生照片发布在公示栏里、通过学校广播公开表扬等。

在这样的班级氛围中，孩子有所期，有所盼，不断地感受着集体生活的快乐和自我存在的价值，自然就鲜有管理上的麻烦。而我，只是一个根据学生的成长尺码不断地布局“放钩”的人，这样的“钩”，有情有趣亦有温度！

向搭档“示弱”

我始终认为，一个和谐班集体的建设除了需要有家长的助力外，更离不开科任老师的支持与合作。因此，在班级发展中，我始终都避免把自己变成唯一的管理者和班级活动的策划者，也始终注意尽量不让科任老师产生这样的认知——班级是你班主任的地盘，上好自己的课就是我所能做的事。班级发展是一个大盘，一旦我这个班主任和其他老师之间缺乏沟通，缺少配合，班级管理中的许多方面就势必会失衡，并且会向着施力重的地方倾斜。

科任老师到底如何定位呢？他们既是某一门课程教学的执行者，也是孩子们成长路上不能缺少的引领者，更是我们在班级管理中最为重要的合伙人。厘清这种关系后，作为班主任的我，就要努力化被动为主动，以“示弱”的姿态主动抛出合作的橄榄枝。

一方面，我会主动进行成长分享。孩子们字写得好，我会去感谢语文老师、书法老师对孩子们平时的悉心指导；操场上，孩子们的体育训练有所进步，我会归功于体育老师；手工制作中孩子们的表现抢眼，美术老师功不可没，是他启发了学生的思维与创造……任何成长喜讯我都会敏锐地找寻到科任老师付出的痕迹，并主动向他们汇报分享，这种汇报分享既能让他们感受到自己的专业指导价值，又是一种无形之中的暗示，在这种“全是因为有了你”的标签下，科任老师真的会感觉到自己对这个班级良性发展的作用之大、对学生成长的影响之大……当人人都以班级发展为中心，都以孩子们的成长为重心，一切的沟通、分工或合作便都因为共同目标的牵系而有了温度，有了凝聚的向心力。

另一方面，遇到问题我会适时求助。我不是一个全能的班主任，却要引领着孩子们的全方位发展，这时就要主动降低姿态，向其他老师借力。比如班上的学生情绪上有些小波动，我就会找个机会邀请班上所有的科任老师共同分析原因，讨论转化办法；如果班级管理上有一些难以解决的问题，我也会诚心地把问题摆给大家看，让老师们为“咱们班”的发展支支招……这些微小的细节都是一种无声的昭示——我们是一个整体，班级的发展离不开你。更何况，有时候从不同视角审视问题而提出的办法确实能够更为有效地解决实际问题。在这种合力解难题的过程中，更容易形成群体间的理解、支持与合作的默契。

也许，当初我接下的那个班确实让许多人觉得散乱得无从抓起。可是，当我试着打通了班级发展的各个脉络，让所有的力量都向“班”而聚时，一座富有生命力的成长之塔就在我们的用心经营下坚实地矗立了起来。新班，源于“心”的付出；成长，始于力的汇聚！

如何当好学生的“后妈”

◎朱　轶

接新班和中途接班的班主任通常被戏称为“亲妈”和“后妈”。众所周知，“后妈”比“亲妈”难做，因为尺度难以把握：管多了，遭人厌烦，甚至招来怨恨；管少了，被人指责感情淡薄、漠不关心——真有点进退两难。而我最近几年却有过多次做“后妈”的经历。

2020年3月，我再次从高二下学期接手一个班的班主任工作。经历几次中途接班之后，我发现做好“定位”——给前任班主任做好定位，给自己做好定位，也是有助于顺利当好这个“后妈”的。

给“前任”做好定位

当“后妈”，“前任”绝对是个绕不开的话题。在对待前任班主任的态度上，有几种常见的误区。

第一种误区是避而不谈。可能是觉得对“前任”的离开没必要跟学生交代得那么清楚，所以有些中途接班的班主任从不在学生面前公开谈论“前任”。但是这样做的结果往往并不好，因为一进入新学期，你就会感到压力，不管是学生管理、班级事务管理等方面，你会时不时听到类似的话，“我们以前的老师如何如何”“我们以前的老师说这个问题应该如何如何”。这种话听多了，不管多么好脾气的班主任都会忍不住感到心里憋闷：已经“改朝换代”了，怎么还老是“以前以前”的？这不是因为学生不懂事，可能是因为班主任自己没处理好。

第二种误区是虽然敢于直面“前任”的问题，但是错误地对“前任”进行了评价。当然大多数接班的班主任都会说“前任”的好话，比如“你们以前的班主任很好”，但是殊不知，这样的评价虽然能让学生“口服”，却很难让学生“心服”。如果你的“前任”确实很优秀，学生往往会认为你的评价过低，在心里犯嘀咕“我们老师当然很优秀，你可比不上”；如果你的“前任”不那么优秀，学生就往往会认为你不够真诚，会偷偷地议论“这个新老师不太了解我们原来的班主任吧”。究其原因，一是“很好”是一个主观评价，但是每个人心里的评价标准不同，而且我们永远不可能让学生把“很好”的标准统一起来。有时你觉得“很好”已经是最高评价了，可在学生看来“非常好”或者“很好很好”才能配得上他们心目中的“老班”。二是“很好”往往是通过把这个人和那个人放在一起比较得出来的一个评价。但是“尺有所短、寸有所长”，这样评价之后，学生就开始把你这个“后妈”和脑海中的“亲妈”不停地放在一起进行比较了。这样一来，不管你怎么努力，总会有“挂万漏一”的情况，你将永远无法比得过存在于学生脑海中的“亲妈”了。

所以，我的策略是，面对“前任”，与其避而不谈，不如主动谈及；与其让他成为与你比较的标尺，不如一开始就想办法消除“比较”这件事。

在第一次和学生面对面时，我就会跟学生主动谈及“前任”班主任。而我谈及“前任”的原则是，不讳莫如深，而是认真地跟他们解释“前任”离开的原因；不主观评价，而是尽量寻找具体而客观的因素解释“前任”离任的原因。比如“你们刘老师去年秋季体检时查出肝硬化的前兆，医生要求必须减少工作量进行全面休养”“你们龙老师已经挺着大肚子陪了你们一个学期，这个学期她也要开始去适应‘妈妈’这个新角色了”等。即使你的“前任”是因为无法胜任而被换掉的，也可以说“学校出于工作安排的需要，调他去其他的岗位了”。让“学校”这个虚拟的共同体来当“背锅侠”是个不错的选择。我觉得，具体而认真地解释“前任”离开的原因，学生肯定会相信你话语背后的真实，也会感受到你把他们放在平等的地位上认真对待的真诚。而用客观的原因代替主观的评价，就能更容易让学生接受“前任”离开的事实和理由，从心理上消除“被背叛”“被抛弃”的不快之感，做好迎接你这个“后妈”的准备。

接下来就是想办法消除学生心里的“比较思维”了。首先我会表达对“比较”这种做法的理解。“我知道，无论现在我说什么、做什么，你们可能都在不自觉地把我同你们原来的班主任进行比较，这真的很正常。换了我，我也会。”但是，接下来我会表达出对“比较”做法的不认同。“但是我觉得这样做，无论对我还是对你们以前的班主任来说都是不公平的。比如刘老师细腻，而我比较粗线条；刘老师处变不惊，而我可能为人热情……这些都只是说话方式、做事风格的不同，孰优孰劣是无法进行比较的。就像在文学上无法说李白的浪漫飘逸更好还是杜甫的沉郁顿挫更好一样。”然后，我会继续跟学生阐述我所认同的“比较思维”究竟是怎样的。那就是，不是用输赢优劣的观念来评高低对错，而是学会用欣赏的眼光接受风格的不同，所谓“浓妆淡抹总相宜”。如果非要比较，那就应该是用发展的眼光对同类事物进行比较。比如，自己跟自己比较：今天的自己跟昨天比有没有进步，明天的自己会不会比今天更好。最后，我还会及时跟学生澄清：“在接班前，我并没有去跟‘前任’打听任何一个人的情况，因为我不想让先入为主的观念阻碍我的视线。你们每个人在我面前都是一张白纸。至于这张纸上会有什么样的图案、什么样的颜色，全凭今后你自己的表现。我会陪你们一起走一段人生旅程，我会用我自己的眼睛去认识每位同行者，去发现你们的闪光点和进步之处。”相信这样的阐释会让学生感受到真诚，也受到激励。

给自己做好定位

安放好“前任”，接下来的任务就是给自己定位了。我常常会把自己定位为学生学习之路上的“同行者”而非“裁判员”，成长之路上的“陪伴者”而非“监督者”。之所以这样定位，是因为我认为，虽然学生成长的道路上免不了出错，需要改错纠偏，但是班主任绝不能专盯着缺点和错误看，而更应该以“过来人”的眼光和成功的经验引领学生，并为学生的成长保驾护航。

我会跟学生坦白自己作为班主任的成长历程。带第一届学生时，我也是摸着石头过河的，是个“救火队长型”的班主任，在遇到问题之后才去想办法解决问题；带第二届学生时，有了前面的经验和不断的阅读学习，我有了一定的成长，虽然还谈不上高瞻远瞩，但应该说成长为一名“哨兵型”的班主任了——有了站在塔楼望哨的哨兵的警觉，对一些问题有了一定的预见性，但是解决问题时仍然方法不多，智慧不够。“现在你们已经是第N届学生了，许多雷区我和前面的师兄师姐已经帮你们踩过了；许多成长道路上的坑，我和前面的师兄师姐也曾掉进去过，后来又努力爬了出来……”现在我觉得自己已经成熟了不少，可以较高质量地完成同行和陪伴的任务。现在的我感觉自己是个“老猎人型”的班主任。“这条路我已经跌跌撞撞地走过一次又一次，现在我回来，准备接上你们再走一次，你们是否愿意与我同行？”

同时我还会告诉学生，虽然再次带班有点像那位深情的班主任说的那样“你们远走高飞，我原路返回”，但是现在陪他们上路，我依然会感到兴奋和新鲜。因为我发现随着时代的发展和变化，学生是这条路上最大的变量，也是最有趣的变量。我的第一届学生是1995年前后出生的，而现在已经是2003年前后出生的了。“15~18岁的年轻人当然有一些共性，但是你们又跟师兄师姐们如此不同！”所以，我会表达清楚这个意思：“现在我非常愿意在你们即将成年的关键之年，跟你们共同走一段青春之路。如果你们愿意多多地亲近我，主动分享你们的快乐、你们的迷茫、你们的兴奋、你们的失落，我觉得我会是个不错的同伴。我说我愿意，那你们愿意吗？”我想，听了这样的定位和表达，很少有学生会表示反对吧。

曾有人把教育称为“世界上最复杂的事”，比按照图纸造汽车、造火箭还复杂得多。中途接班当“后妈”当然更是一件复杂的工作，其中的尺度拿捏、其中的各种酸甜苦辣真是“谁当谁知道”。但是真诚地表达自己对学生的爱，真诚地说出自己的困惑和成长，真诚地引导学生一路同行，学生一定会从你的所说所做中感受到那份真诚与兴奋。做好定位，愿每个“后妈”都当得有滋有味。

许你一个美好的未来

◎黄丽娟

有一年，校长让我接手一个毕业班。这个班是全校有名的“乱班”，几乎每学期都要更换班主任。这次校长将我推上“前线”，理由是我是本地小有名气的作家，兴许孩子们会买我的账。

然而，事情并非想象的那样简单。开学第一天，我便遇上了“麻烦”——一只脚刚迈进教室，头顶上便撒下来好多东西。我狼狈地抱着头，学生们却哈哈大笑。我恼羞成怒，刚想张口训斥，但定睛一看，掉下的都是些细碎的花瓣呢。

我指着一地的花瓣，故作威严地问：“你们这样做妥当吗？”

教室里的气氛一下子尴尬起来。突然，一个女生倏地站起来说：“老师，您冤枉我们了。”

“冤枉？你们这不是在捉弄老师吗？”

“是这样的，老师，听说您要来我们班上课，同学们高兴坏了，要给您一个惊喜。”女生的眼里似乎要流出泪水来了，“我们特意捡来新鲜的花瓣作为迎接您的礼物。我们以为您会喜欢。可是……”

女生的一番话令我感慨万千。我向学生深深地鞠了一躬，十分诚恳地说：“同学们，老师冤枉了你们的一片好心，真诚地向你们道歉。谢谢你们以别具一格的方式迎接我。你们给我上了一堂非常生动又有意义的课。”

教室里先是静悄悄的，猛然，有人鼓起掌来，随即，掌声四起。我注意到，带头鼓掌的就是刚才发言的女生。她白皮肤，大眼睛，文静清纯，是个漂亮女生。

后来，我知道她的名字叫王舒妍，还知道撒花瓣就是她出的主意。我发现，课堂上的她眼睛明亮，喜欢思考问题，遇到难题总会不自觉地嘟起小嘴。她的作文，书写清秀工整，文笔优美老练，每次批阅，我都觉得很愉悦。

我还发现，她总爱在放学后，一个人静静地站在操场边，倚着栏杆，不说一句话。难道她这样清纯无邪的女孩也有烦恼？

一天，我读到了王舒妍的随笔：今天，数学又考砸了，回家挨批是肯定逃不了的。父母的叹息、老师的目光、同学的讥笑……一切都压得人透不过气来。夜半惊醒，黑暗中，看不到自己的未来……原来，这就是她的烦恼。我有些心疼她。

我把她请到办公室，指着刚刚给她批阅完的作文说：“你的文字充满灵性，很有才气。”

“可我的数学那么差，成绩总上不去。”她低声说道，语气里充满了自卑。

“你不要泄气！你的文笔很好，文字很美，为什么就没看到呢？再说，以后上了初中、高中，即便理科差些，还可以选文科。老师相信你，一定会有一个美好的未来。”我微笑着，目光中充满期待。

她的那双大眼睛又亮起来了。我继续描绘着她美好的未来，悠悠地说：“老师想象着，你将来会在某个报社做专栏作家，或者是自由撰稿人。出书，旅行，做自己想做的事……多么美好的未来啊！”其实，这些又何尝不是我曾经的理想呢？

她的脸上绽放出久违的微笑，就像窗外怡人的阳光。显然，她很喜欢我许给她的未来。从此，操场上少了一个彷徨的背影，班级里多了一个阳光、自信、用功的女孩。

六年后，听说她考上了一所不错的大学，还做了校刊的编辑。

今年中秋，我收到了她寄来的贺卡。贺卡上写着几行字："老师，您好吗？感谢您当年那句'你一定会有一个美好的未来'。这句话一直温暖着我，鼓励着我，使我相信，自己的未来一定会很美。"

有心栽花，精彩遇见

◎于永军

暑期快结束时，学校让我从九年级接一个班。想想距离开学仅有三天时间，我深感纠结。既然决定要换班主任，何不提前一段时间通知我呢？毕竟，九年级不同于其他年级。你想，如果早一点交接，这个假期，我们可能就完成了先期的磨合。而不到开学不通知，到了开学再磨合，人家从七年级带过来的班级，都研究如何补缺补漏、全面提速了，我们这“新班”还要从头开始，我得去了解班情、组建班委、对接老师，岂不是慢了好多拍啊？

但事已至此，我只得用积极的心态去面对。向原班主任郭老师简单地了解了一些班级情况后，为了让班级平稳过渡，我索性请求郭老师暂不把换班主任的消息传播出去，等开学交接时再说。

交接仪式：试心

开学第一天，待换好教室、领回新书之后，一场经过我精心策划的班主任交接仪式开始了。

第一项，领导宣布班主任调整决定。这一项，本不是学校的规定程序。为了表达对原班主任工作的充分肯定，也为了让学生对新班主任有所了解并尽快接纳，使中途调换“名正言顺”，我刻意拟了一段话，专门强调“郭老师主动担当，积极响应县里支援农村学校的号召，下乡支教”，并邀请年级主任到场宣布。可年级主任在开学第一天很忙，无法抽开身，我强拉硬拽把我们楼层的负责人请到了班上，宣布了调整决定。当学生听到换班主任的消息时，他们的小眼睛都是先瞟向了我，后又迅速地盯住郭老师，并形成定格。

第二项，“老班”做临别致辞。这一项，也是我邀请郭老师认真准备的。他讲得很动情，刚开口眼睛里就噙满了泪花，足见对这些孩子用情之深。那边孩子们也是一个个泪眼婆娑，一片啜泣。我呢，干脆选择了回避。这种场景下，我再去干预，岂不是显得多余？这样的别离，发泄是必须的！如果不发泄，会在他们心中形成很深的结，终会成为孩子们成长心路上的一个坎。约莫快结束时，我出现在教室后方。郭老师开始强调时间的重要，呼吁学生听老师的话，用优异的成绩致敬这段同行。

第三项，“新班”上台致辞。我先把郭老师致辞时我拍的照片传到了投影仪上，为这段真挚的情谊点了一个大大的赞，并告诉孩子们：郭老师依然是咱们的第一班主任，于老师是第二班主任，班级依照之前的模式推进；这个班从此以后就以郭老师的名字“清平”命名，即“清平班”；郭老师每个月会至少到班级开展一次“清平讲堂”。随后，我给学生读了我亲手撰写的长信《这一站，更精彩》，介绍自己的带班风格、带班理念，用浓浓的期待、滚烫的情感温暖孩子的心，呼吁师生一起形成合力，用可喜的进步回报郭老师的关切。“你的一生，我只借一程。哪怕只是相伴一年，也希望留下满途星辉。”

近两个小时的活动，孩子们听得认真，想得深刻。从中，我看到了他们和郭老师的情谊之深，我也从内心深处勉励自己一定要把“后爹”

当好，不负郭老师所托。孩子们从我真切的表达中，看到了我不排斥原班主任、不抢功揽功的开明和想带领他们一路向前、阔步前行的决心。尤为可喜的是，学生的郁闷情绪得到了及时宣泄，为下一步静下心来学习扫清了障碍。

分组谈话：拢心

从第二天开始，我利用了近两周的时间，分别找学生谈话，了解班级情况，鼓励大家“五十五颗心心心相印，五十五个人人人争先”，拉满弓，蓄满力，开启崭新征程。

周末，在提前和家长们沟通后，我把班委请到了办公室，鼓励他们带头学习、提高成绩，勇于开拓、大胆创新，取得学业和能力的双丰收。12位班干部发言时都十分动情，个个表现积极，就班级建设提出了很好的建议，为修订班级管理制度做出了努力。

同时，我分别约谈了几位课代表，听取他们对本学科学习的建议。在与科任老师充分交流后，我利用第二周的班会课，以“怎么看、怎么办，我与学科发展面对面”为主题，召开了以课代表为主发言的班级学风建设暨学习成绩提升动员大会，让孩子们意识到学习的重要性，并在交流中掌握学习方法，提高学习积极性。发言结束，我又与他们一一握手，传递信心和力量。为了鼓舞一部分基础薄弱学生的士气，根据开学初的问卷，我把他们请到了学校的光荣榜前，鼓励他们全力以赴，补缺补差，争取下次登上进步榜。同时，我为他们组建了几个学科提升小组，抱团成长，共同进步。

由此，在每天“清平吾班，拼搏每天；清心静念，平步书端；清风明月，平生相伴。清音幽韵，平分河山；青云凌霄，止于至善”的宣誓中，班级开端势头良好，学生个个劲头十足，共同奔向美好未来。

多彩活动：齐心

随后一段时间，我经常以活动的方式与学生零距离接触，以增进了解，迎来信任。

开学一个月，适逢国庆节，我组织孩子们共同参加喜迎国庆活动，带领孩子们一起开展为祖国庆生、向祖国表白、与国旗合影等系列活动，用老师的格局和情怀影响他们的价值观。不久，我又和一家爱心公益协会一起组织了“志愿献爱心，护我母亲河”活动，和孩子们一起捡拾垃圾，一起做护绿宣传，一起为防治水污染不懈努力！后来，我又带领他们参加了“冬至日，包饺子”活动，学生自己动手加工饺皮儿、包饺子，并亲手端给留守老人，还为他们表演节目，听他们拉家常，看他们在扶贫政策暖阳照耀下幸福的笑容。

一场场活动，拉近了师生关系，营造了良好的“家”的氛围，为全班学生悦纳新班主任奠定了基础。到此，我这个“后爹”也就轻松地升级了，并和他们打成了一片！

遇见你真好

◎王永根

多年的教学生涯中，我有过悲伤，有过遗憾，甚至有过心寒；然而也有着很多的快乐，尤其是每当毕业多年后的学生突然联系我、看望我，那份久别重逢的惊喜、亦师亦友的惬意之情总会久久地萦绕在我心头。

前些年，学校因为特殊情况让我接手八年级一个班的班主任工作。面对这个班的孩子，我不知道该如何让他们接受我，毕竟他们和以前的班主任已经建立了较深厚的感情。这个“后妈”并不好当。

来到班上的第一节课，我没有按常规上课，我想用不同的方式来介绍自己。我和学生们分享了自己学生时代的一些故事，学生们听得津津有味。故事讲完，一个调皮的男生站起来说：“老师，你小时候也和我们一样调皮捣蛋呀！”我笑着点点头。

课后，学生们都围着我，问这问那。还有个学生告诉我，他们已经到我之前任教的班级“调查”了我的性格喜好。孩子们的纯真和坦率让我乐不可支，而他们在听完我的教学趣闻后，也都哈哈大笑起来。融洽的气氛中，学生和我亲近了不少。自然而然的，我也得到了学生的认可。

一转眼，快到期中考试了。一天，我利用早读的时间把班上的几名

“学困生”叫了出来，和他们讨论期中考试的目标和下一阶段的要求。整个过程可以说是很愉快的，但有一个男生一直和我“唱反调”。这个男生叫颜伟，个子长得高，学习偏科，成绩不理想。为缓和气氛，我说有意见的待会儿留下来商量，他却不屑地说“留就留”。于是，我把他留了下来，但在办公室里无论我问什么，他都一言不发，一副油盐不进的样子。看他这样，我生气地说：“你不想上我的课了吗？”

他这才开了口：“老师，你一点儿也不关心我。我上课举手回答问题你不叫我，上课捣乱你也不说我，你根本不在乎我！所以，我看到你就觉得不爽。”听完此话，我半晌说不出话来。和大多数老师一样，我会视这类学习后进的学生为激励进步的对象，所以对他们偶尔犯的小毛病有时会睁一只眼闭一只眼。没想到，眼前这个高个子男生，内心如此“脆弱”，为了获得我的关注，他竟然在课堂上故意捣乱。是我失误了，我只知道给他定学习目标，却忽视了他单纯的举动背后复杂的成因。

此后，我深刻地反省并下定决心，在教学过程中，要细心、耐心，及时发现和响应学生的真正需求。

一天，学校停水了。课余时我去打水，恰好看见颜伟正在球场上打球。于是，我冲他喊道：“颜伟，来一下好吗？”他听到我喊他，疑虑了一会儿，接着老大不情愿、懒懒散散地走了过来。一听到我说水太重，提得费劲，想请他帮个忙，他顿时露出一脸的高兴，二话不说，就帮我提起了水。等他办完“差事”后，我非常诚恳地谢了他并奖给他一个苹果。他一再推辞，脸上竟露出激动的表情。从那以后，但凡有空，他就会主动地给我帮忙，而我也会趁着这个机会敞开心扉地和他聊天，有时也会帮他解答一些学习上的问题，并借给他一些学习资料。慢慢地，他放下了对我的戒备，主动向我靠近。

而我在他的身上也看到了可喜的变化：上课“失控”的行为少了；学习态度端正了，一个学期下来，他的学习成绩没有让我失望过；他还主动提出担任班干部，成为我的得力助手。

在教学过程中，我发现当前有个性的学生越来越多。叛逆、自负、孤僻、过度敏感、自尊心极强，这些对学生的学习和成长，都有负面的影响。为全面了解学生的心理动态，我除负责日常的教育管理之外，还会仔细观察学生的细微变化，以便了解他们的心理状况。我鼓励学生们记周记，让他们写下对生活的所思所想。刚开始时，一些学生害怕流露出自己的真实想法，我便向他们保证我会为他们保密。对于上交的周记，我也会在每篇后面一一附上评语。有时候学生会在周记中询问我的意见：“老师，要是您的话，遇上这件事，您会怎么办？”面对这样的信任，我总是让自己置身于他们的处境，从他们的角度出发，为他们提供可行的参考意见和处理办法。学生们见我能够耐心地倾听他们的心声、解答他们的困惑，时间长了，他们也就自然而然地打开了心扉，尽情地和我吐露他们的喜怒哀乐了。

时光如流，学生们陆续毕业。不少学生毕业后依然会给我打电话和发信息，至今我还记得颜伟给我发的微信：“感谢您，敬爱的老师，遇见您真好！您当初的教育，唤回了我这只迷途的羔羊，让我体会到自己的价值。”

静立窗前，思绪飞扬。那些春风拂面般的记忆，又一次不期而至，欢喜奔涌在心头。

是的，遇见你真好。

在平凡的日常守候奇迹

◎薄伟英

一天，同事陈老师和我说起她教过的一个男孩小兹的故事。

休产假后，陈老师新接了一个班级的班主任工作。和她搭班的是有二十多年教龄的钱老师，教数学，为人严肃，不苟言笑，工作细致认真，班里孩子们的数学成绩一直在年级组名列前茅。当然，这是就整体而言的，一个班级总难免有个别学习“掉队”的孩子。这不，有一段时间，钱老师的日常工作中就出现了一个有趣的现象。

每天课间及中午休息时间，总是有一个男生形影不离地跟在钱老师的身边，钱老师到隔壁班，他跟着；钱老师到办公室，他也跟着：俨然成了老师的一个私人秘书。这个男孩叫小兹。

陈老师很好奇，就向钱老师打探起小兹的情况。钱老师用恨铁不成钢的语气说：“这种学生，我教了几十年书，还是第一次遇到！没有一次课堂作业能当堂完成的！”小兹也成了“红人”，不光隔壁班的小孩子都认识他，办公室的老师看见他，有时也会诙谐地说上一句：“钱老师，你的私人秘书来啦！”要是哪天钱老师后面没有小兹的身影，大家就知道小兹是请假在家了。

小兹越来越自卑，这引起了陈老师的注意。陈老师相信，每个平凡的生命中，都蕴含着丰富的“宝藏”。可是，如何帮助这个自卑的男孩找到他身上的“宝藏”呢?

每天中午吃饭，是小朋友最轻松愉快的时间。小兹长得胖胖的，食欲特别好，因此，吃饭的速度很快，常常是第一个吃完饭菜和水果的。吃完之后，他也不休息一下，就埋头补起数学作业。

见此情景，初为人母的陈老师心想：“可怜的孩子，几乎所有的课间、午间休息都没有你的份呀！而且，饭后头部供血不足，用脑是很不科学的，这股认真劲儿也起不了什么作用呀。如果我的孩子将来上学是这个样子，我会多么心疼呀！我能为这个孩子做点什么？”

看见大部分学生吃饭时都是边吃边聊天，陈老师灵机一动，对全班同学说：“孩子们，古人说‘食不言’，意思是吃饭的时候要用心对待食物，感受食物的甘美，感觉食物化为能量充实身体的过程。小兹同学吃饭时就特别专注，而且开学一周以来一直第一个吃完。从今天起，陈老师请小兹来当我们班的午餐管理员，看到吃饭说话的同学，就用暗示来提醒同学安静用餐。好吗？”正在吃饭、聊天的同学们先是一愣，随后，在陈老师的带动下，响起了一阵稀稀拉拉的掌声。

小兹抬起头，迟疑地望向四周，似乎不相信这一切是真的。陈老师轻轻地走到小兹身旁：“小兹管理员，请上讲台吧！”小兹的脸上泛起从未有过的红晕，羞怯地站到讲台前。

陈老师随即取下挂在自己脖子上的护导牌，取出里面的卡片，在一张粉红色的便签纸上，用彩色水笔写下“午餐管理员”五个大字，随后，放在卡套里，挂在小兹的脖子上。“同学们，我们以热烈的掌声欢迎我们班的第一位午餐管理员上岗！”

那一刻，不知是谁带的头，教室里骤然间响起了一阵掌声。那掌声热烈、持久，小兹感动得流下了眼泪。掌声渐渐平息，小兹也平复了情绪，挺着胸脯，神气地穿梭在同学们之间，看到有同学小声说话，就学着老师的样子，把手指放在嘴巴上："嘘，安静吃饭。"

今天的用餐异常安静，看得出来，小兹特别高兴。

午餐结束，同学们三三两两走出教室，去操场上游戏、活动。小兹回到自己的座位上，开始专心补起上午数学课没有完成的作业。陈老师悄悄地走到他的身旁，弯下腰摸摸他的头。"小兹，认真把数学作业做完，然后和老师去操场上散步，好吗？"陈老师坐在讲台旁边的小桌子上批作文，不时用余光望望小兹，只见小兹一会儿眉头紧蹙，一会儿展眉微笑……十分钟过去了，小兹捧起数学作业本，开心一笑。看来，数学作业补完了。"小兹，祝你顺利过关啊！"小兹走出教室，向钱老师的办公室走去。

十分钟过去了，小兹走回教室。

"通过了吗？"

"错了一题。我在钱老师办公室订正好了。今天钱老师表扬我了，说，如果能当堂完成，那就更好了！"小兹胖胖的脸蛋上，一双原本不大的眼睛笑成了一条缝。

"嗯，小兹太棒了！钱老师说得对，如果你上数学课认真听，不懂马上举手问，你做作业时就不会遇到那么多拦路虎，你做作业的速度也自然会快很多！每天课间、午间你也可以和小朋友们一起玩了。对了，今天，我还要在你的家校联系本上留一个表扬条，让爸爸妈妈知道你的进步！"陈老师发现，微笑的小兹是那么惹人喜爱！

"听你爸爸说，你很喜欢看动画片，是吗？最近，陈老师给儿子买了一套《哪吒传奇》。"

"《哪吒传奇》呀？我也喜欢看。中央台在放，里面的歌也好听。"小兹两眼放光。

"你会唱吗？"

“会呀！”

“那唱一段给我听听吧！”

“说一段神话，话说那么一家，这家夫妻俩，生了个怪娃娃，扎两个冲天鬏，光着俩小脚丫，踩着俩风火轮，乾坤圈手中拿，混天绫护着他，轩辕箭满弓拉，两眼是照妖镜，双腿是追风马……”啊，这个平时看起来只会低着头的小兹，竟然还有一副好嗓子！

陈老师不由得竖起大拇指，一个劲儿地说：“小兹，你唱得真好听，真好听！”

“陈老师，我很想买《哪吒传奇》的书，可是我妈妈不愿意给我买。她说作业都来不及完成，哪有时间看闲书？！”

“陈老师愿意借给你。不过，我有个条件：如果你当天的作业都能认真按时完成，那我每天借一本给你，怎么样？”

“行！要是我没完成，那你就不要借给我。”小兹一脸严肃。

于是，每天从家里临出门时，陈老师都往包里放一本《哪吒传奇》。

每次数学作业完成，小兹都会按时来到陈老师的身边：

“我都完成了，只订正了一次！”

“今天我是在课堂上完成的。”

“今天我的数学作业全对！今天钱老师又表扬我了，还奖励我一个‘大拇指’！”

…………

三月的校园艺术节精彩纷呈，其中一项“校园好声音”最受师生关注。在陈老师的极力“怂恿”下，小兹终于同意报名参赛。

用过午餐后，陈老师找来一套演出服装给小兹换上：白衬衫，红领结，黑色燕尾西装。

午后的阳光温暖地照着校园里一片片新叶，那翠绿的颜色，明亮地在眼前晃动，似乎是一个个新的希望在跃动。

舞台就在庭院里——四边的教室围成的庭院。从一层到四层的教室走廊上都站满了围观的学生，舞台四周更是水泄不通。小兹站在舞台中央，尽情绽放那天籁般的歌声，“乾坤圈伴着他，上天下海本事大，三头六臂显威力，千征百战斗魔法。要问他名字叫什么？哪吒哪吒，小哪吒！……”歌声荡气回肠，掌声势不可当。

陈老师发现：钱老师也在围观的人群中，一向严肃的脸上竟露出了会心的微笑。

陈老师一直陪伴小兹到小学毕业。事情的发展也真像陈老师所预料的那样，后来的小兹坚定、自信、豁达，勇于追求一切美好，一直努力用行动证明要做最好的自己。

陈老师在和我讲这个孩子的时候，充满了温情。“薄老师，你不要笑我啊！这是一个普通得不能再普通的故事。像我们这些普普通通的老师，做不了什么惊天动地的大事，我觉得就应该每天关心好这些普普通通的孩子，做好这些普普通通的小事。我一直想，我们教师度过的每一个平凡无奇的日子，也许就正在发生着奇迹。看见一个个奇迹发生，我就会像挖到金子那么兴奋，也特别想和别人分享。”

真实的教育，崇尚平实。一位优秀的教师，就应该如陈老师那样，用心擦亮每一个平凡的日子，把美好的事物汇聚在一起，让孩子们每天都幸福快乐、自信阳光！

第五章

拥抱“问题学生”

哪个孩子不是在一个又一个错误中慢慢成长的呢？他们犯错误的时候，正是需要我们帮助的时候。这种帮助不是简单的就事论事，解决眼前的问题，而是需要我们深入心灵的引领和启发，让他们学会自主判断，学会反思，从而实现自我成长。

“放牛班”的考卷

◎李家同

我有一个习惯，在无事可做的日子，会开车到乡下去。在台湾乡间开车，过一阵子就会路过一所小学或是中学。周末的校园永远安静得很，但总有些小孩子在里面玩耍，有的打球，有的蹲在地上找毛毛虫。

乡间的学校有两个特色：第一，校园永远是很干净的，孩子们在周五放学以前，一定会将整个校园打扫得很干净才离开；第二，校园里永远是绿树成荫，而且也有不少花草，我知道小学和中学的经费一直并不充裕，但是每一所学校的盆栽和花草都是像模像样的。

两个星期以前，我又去一所中学乱逛了。这所中学实在不大，我是被它里面的一大排黑板树吸引住的。黑板树的特点是非常高，它们不像榕树那样横向发展，有时可能影响到房屋的采光。由于它们长得特别高，我一下子就被这一大排树吸引住了！进去以后，发现这排黑板树下面有一块石牌，牌子上的词句非常特别：“王老师，谢谢你，我们的考卷都还留着。‘放牛班’全体同学。”

我对这个牌子上的词句十分好奇，离开以前，将校名和地址都记了下来，回家以后立刻查出了校长的名字。我寄了一封信给他，问他那块石牌上的话是什么意思，我表示愿意再去他们学校一次，反正我已退休，成天待在家里也闷得发慌。

收到信后，校长立刻打电话给我，于是，上个周末，我又去了这所学校。校长应该算是中年人。我是在周六下午去的，学校里有一些小孩子在玩耍，就他一个老师，从他的校长室就可以看到那一大排黑板树。

我的第一个问题是“放牛班”。社会上对这个名词的看法是——被放弃的一群孩子。现在，教育部门已经不准学校有“放牛班”了。过去这所学校一定也有过“放牛班”，但是为什么“放牛班”的孩子如此感谢王老师呢？校长说，过去这里还算热闹，这所中学的人数也很多。有些孩子学习成绩很好，有些孩子学习成绩很差，“放牛班”也就应运而生。几乎没有老师肯教“放牛班”，因为这些孩子无论上什么课都没有兴趣，不是胡闹，就是睡觉。当时，学校里有一位姓王的老师，别人都不肯教“放牛班”，他却偏偏抢着教，而他也的确教得很好。最难得的是他乐在其中。有人说：“得天下英才而教之，不亦乐乎！”他的看法则是：“得天下落后孩子而教之，不亦乐乎！”

“放牛班”的人数永远不多，因为很多家长一听到自己的孩子被分到“放牛班”，就会来抗议，学校也会接受抗议，将那个孩子分到好班去上课。在“放牛班”里待下来的孩子，往往家境不太好，家长对孩子的学习也不太关心。何谓“放牛班”，他们多半搞不清楚，根本不会来抗议。

既然人数不多，王老师就可以采用“因材施教”的方法。每一个新班开始，王老师会给同学一个测验，这个测验一下子就能测出每一个孩子的学习程度。虽然是初一，其实很多孩子对分数的运算还完全搞不清楚，鸡兔同笼的问题就更不用谈了。当年小学不教英文，所以英文的程度不用测验，反正一概从ABC教起。

王老师是一个很实在的老师，他不教难的题目，因此当时小学生要学的鸡兔同笼问题，他一开始绝对不教，而留到学二元一次方程式时才教。他发现“放牛班”的同学通常不会分数的加减乘除，因此他会花好多时间去教会他们。等分数学好了，他再教孩子们正负数运算，再熟悉脱括号。很多孩子碰到好几层括号就会搞混，因此打好基础要花很多时间。王老师将这些都教会了以后，才开始教一元一次方程式。“放牛班”的学生学一元一次方程式时，往往已经是初一下学期了。

王老师也会考试，但一概考得不难，只是浅尝辄止。他常常说，只要会最基本的知识就可以了。当时“放牛班”的孩子们对此有点纳闷，他们认为自己也应该做些难的题目。但是，王老师告诉他们，不要花太多时间在难题上，而应该将基本的知识搞熟；如果基本的知识学不好，难的也一定学不好，结果反而一切都考不好。如果基本的学好了，虽然不会难题，但总能拿到一些分数。王老师也一再告诉他们，将来长大成人，只要会基本功夫，就可以应付社会需要了。

校长还讲了很多王老师教书的秘诀。我最好奇的是石牌上的一句话：“考卷都还留着。”我从小到大，不知道被考过多少次，但从未想到要将考卷留着。

校长从一个柜子里拿出一个档案夹，里面全是考卷。我看了一下，考卷上的话果真是非常特别的。举几个例子，一张考卷上，王老师写道：“××同学，实在对不起你，看来，你仍不会最小公倍数，不要担心，我会好好教会你的。”另一张考卷上，王老师写道：“××同学，恭喜你，你知道分数除法如何做了，但你忘了分数是可以约分的。”还有一张考卷上有这么一段：“××同学，实在抱歉，没想到你对于负数的加减乘除仍弄不清楚。不要担心，下课我会教你的。你只要多练习几次，一定学得会的。”档案夹后面部分的考卷，显示出这个孩子已经上了轨道，王老师不再道歉，但仍然不吝于勉励：“××同学，你做得真好，没有问题了。”“××同学，你等我下次出稍微难一点的题目给你做，当然我会先给你看难题的例题的。”

我看着这些考卷，许久没有说一句话。我只听说过学生被校方强迫写“悔过书”，也老是听到从前老师如何以打手心来促使孩子进步，从未听过老师向学生说对不起的。没想到王老师真的认为学生没有学好，是他这个老师的问题。

校长看到我默然无语，便开口打破静默，他主动告诉我这些考卷都是自己的。他说他小时候数学奇差无比，他的父母都是农民，无法教他，他当然也进不了补习班，更不用说请家教了。他一直以为自己笨，幸亏被分到了王老师的“放牛班”，他才发现其实自己数学不错。中学毕业以后，他一路顺利地从师大毕业，志愿回到母校来教书。我问他教什么，他说他教的是数学。语毕，校长的眼泪流了出来，有好几分钟说不出话。我赶快问：“很多同学都留着考卷吗？”校长说，的确如此。

我在回家的路上，想起了一次教改的一句口号：“快乐学习！”但是，如果我们将一个学习落后的孩子和一些学习很好的孩子放在一起念书，他会快乐吗？如果将一个不够聪明的孩子和一些聪明的孩子放在一起，他会快乐吗？这个“放牛班”的学生为什么如此怀念王老师？说穿了，道理很简单，王老师使他们在学习的过程中很快乐，增加了他们的自信心，也建立了他们的自尊心。正如那位校长所讲的，他当年何其幸运，被分到了“放牛班”。很多人痛恨“放牛班”，其实如果“放牛班”有了王老师，学生才真是有福了。

问题不在于有没有“放牛班”，而在于“放牛班”有没有王老师。

把目光引向尊贵的地方

◎温生玺

撤谎是孩子在某些特殊情况下心理的反映。从教十余载，总有一些孩子撒的谎，让我难以释怀，也让我不断总结经验，一次次突破谎言堡垒，书写育人篇章。

一

小飞的一句话立刻让我意识到，小雨撒谎，是因为我没有做好榜样。

那天，小雨是唯一没有交作业的同学。他满脸沮丧地告诉我，他的本子不见了。我有些无奈。就在我不得不原谅他的时候，小雨的同桌小飞却高高举起一个本子："他在撒谎，明明没有完成！"我走过去，小飞说："作业就在课桌上，他却说不见了。"我的心情郁闷得很。我批评小雨，问他为什么撒谎。小雨低着头，一句话也不说。我知道，他明明没有完成作业却选择撒谎，说作业本不见了，其实就是为了减轻"罪责"，希望获得我的谅解。可是下了课小飞却悄悄对我说：刚才同学们指责小雨不该对老师撒谎，可他却不以为然，还说没什么大不了，老师不也撒谎吗？我一愣。这才意识到我的教育之误。

在前一天的主题班会上，学校要求中午放学前组织学生签一份“养习惯，促发展”的承诺书。承诺书已经制好，只需要每位学生签名即可。可是我竟然把这事忘了，等我想起来时已经晚了：学校领导已经来教室收取材料了。如果实话实说，那是工作懈怠，可能要受批评。我便说：已经签好了。可是，到哪儿去了呢？我明明放在讲桌上的呢！我佯装出一副匆忙寻找的样子。果然领导原谅了我，只是让我重制一份承诺书，补签好再交，我如释重负。

可是令我万万没有想到的是，我撒的这次谎，竟成了孩子的“榜样”！站在孩子的角度想想：老师都撒谎了，可见撒个谎也没什么大不了；如果撒谎能推卸“责任”的话，何乐而不为呢？我郁闷的心情无以言表。我来到教室，将自己撒谎的事和盘托出。教室里静悄悄的，我向学生们承认了自己犯的错，并保证今后不再重犯，希望同学们监督。教室里响起一片热烈的掌声。随即我将小雨带到办公室，没等我开口，他竟主动承认了自己的错误。我拍拍他的肩，与他相视而笑。这件事让我明白：老师一定要以身作则，自己首先严格做到诚实守信，孩子才会知道诚实有多重要。

二

和小雨不同，小莫和小东撒谎，完全出于对批评的恐惧。

那天，他俩都迟到了，和他俩一起迟到的还有小飞。我问小飞为什么会迟到。他的沉默告诉我，他的迟到没有任何理由。为防微杜渐，我严厉地批评了他。随即我问小莫。他犹豫了一会儿，“老师，我来学校时，发现校园里有好些纸屑，为了将它们捡干净，我跑遍了整个校园，没想到却迟到了——”小莫沉吟道。我欣慰地点点头，将头转向小东。

“老师——”小东的脸涨得通红，“我，我看小莫捡拾垃圾，所以也，也……”他用期待的眼神看着小莫。小莫一愣，这才轻轻点了点头。我拍拍小东和小莫的肩，微笑着请他俩回座位。“老师，他俩在说谎，我们同时进校园，怎么没见他俩捡拾垃圾呢？”突然小飞大声喊道。这下愣住的是我，我疑惑地望着小莫和小东。他们的脸唰地一下红了，片刻沉默，他俩慢慢起身回到站在教室门口的小飞身边。我问，小飞说的是真的吗？他们不语，看着他俩耷拉的小脑袋，我已经全明白了。

可是，他俩为何要撒谎呢？他们都迟到了，但至少小飞是诚实的。下课后，我将小莫和小东带到办公室，质问他们为何要错上加错。办公室里一片沉默。“老师，你批评小飞，我，我怕……”小莫的声音在喉咙里打转。我望着小莫不知该说什么好。在小莫看来，小飞是诚实的，可是他的诚实却换来了老师严厉的批评；若想不受批评，那唯有撒谎。于是小莫毫不犹豫地选择了撒谎。那小东呢？小飞和小莫的处境他看在眼里：诚实的受批评，撒谎的受表扬。作为一个从来都不曾撒过谎的孩子，小东又能如何选择呢？看来，他俩选择撒谎，原因都一样，都是出于对批评的惧怕。

现在想起来，他们虽然迟到了，但偶尔的一次迟到本来是可以原谅的。如果当时我没有严厉批评小飞，只是叮嘱他几句，小莫和小东也许就不会撒谎了。可是，我选择了严厉批评，这样的批评让小莫和小东感觉到恐惧，撒谎于是成了他们逃避批评的较优选择。

显然，在这件事上，我有我的失误：对于孩子的过错，我责之过于严苛，导致小莫和小东撒谎，而且谎言畅通无阻。

接下来，我该怎么办呢？如果再严厉地批评他们，他们会不会认为是小飞导致了他俩受批评？若不是小飞，他俩可能会被老师看作“环保小模范”呢！看着他俩怯怯的眼神，我给他们讲道理，我将最朴实的“知错能改，善莫大焉”的话说给他俩听。我说：“小飞让我们察觉到了自己的不足，让我们变得诚实，是不是该感谢小飞呢？”他俩心悦诚服地点点头。

有人说，信任孩子，孩子才会信任你。可是如果孩子撒了谎呢？如果我们只是一如既往地信任他们，而忽略事实真相，其结果未必会好。这件事也让我明白：在孩子犯错时，我们应尽可能地避免严厉责罚；若我们对他们的错误予以接纳，并主动帮助他们寻求解决的办法，孩子不仅能学到正确面对问题的态度，也不会在下次犯错误的时候，首先想到的是如何逃避批评和责罚。

三

小麦撒谎，是为了寻求他人的关注。

起初，我并没有将小麦的做法当成是撒谎。最近，他总会重复犯同一个错误：上课了，当别人都准备好一切时，他的课桌上却空空如也。每次问他，他都告诉我课本不见了，可能忘在家里了。第一次，我责备他，说他太马虎，提醒他以后注意。小麦一个劲儿地点头，爽快地答应着。第二次，我抱着试一试的态度，请他在书包里找一找。一会儿，小麦高举起一本书，兴奋地告诉我，他找到了！我提醒他做事要细心，小麦咯咯地笑。第三次，我依然请他再找一找，可他在书包里翻了好一阵子，然后告诉我还是没找到。抱着试一试的态度，我决定亲自找一找。没想到一打开书包就被我找到了。我疑惑：就在书包口上，你怎么就找不到？小麦嘿嘿地笑，说自己有点儿小马虎。这时，同桌小东冲我喊起来：哪里是马虎，他分明是故意的……话未说完，小麦竟红了眼：谁让你多嘴？看着小狮子一样愤怒的小麦，我只好作罢。

下课了，我再次询问小东。“他故意把课本塞进书包，然后对您撒谎说课本不见了。他每次都这样，那纯属是在同学们面前出风头，是哗众取宠。”小东悄悄对我说。

送走小东，我的心情平静不下来。小麦一而再、再而三地对我撒谎说课本不见了，究竟是为什么？小麦成绩平平，课堂上也总是沉默。他给我的印象除了课间在教室里大声喧哗，就是课堂上不见了课本；除此之外，没有人会提及他的名字，更不会有人注意他。因为我们对他的忽略，不曾鼓励过他、给他表现的机会，所以他就特别想得到别人的关注。可是，想通过自身的努力来获得他人的关注又谈何容易？于是他便通过特别的方式来吸引别人的眼球。面对小麦的撒谎，我该怎么做呢？我能因为他为此撒谎而批评他吗？不能！而且，我也不能旧事重提，责备他不该哗众取宠，总想着受到他人关注。那该如何教育他呢？当然是关注他，给他表现的机会，肯定他的每一点进步，发掘他的“闪光点”，并真正给予他欣赏和鼓励。

如何让小麦得到他想要的“别人对他的关注”呢？我可以为他创造机会。课堂上，我常常有意识地为他设计问题，并请他来解答。这样做是有效果的，但彻底改掉一种坏习惯，并非一件容易的事。上课时，同学们正在埋头完成作业。突然小麦兴奋地嚷起来：我做好了！可当我去看的时候，他并没有真的完成。他又一次撒了谎。我说：“你的速度好快呀，但你好像忘了还有一道题呢！”小麦不好意思地笑笑：“我忘了，呵呵！”我满足了他希望获得肯定的心理需求，同时又引导他该如何做得更好，小麦这才埋头默默地继续做起作业来。

我们常常会遇到一些孩子，他们喜欢把事实夸大，表现出来也是在撒谎。小麦的这件事让我明白，这是孩子在用特别的方式寻求别人的关注，以获得心灵上的满足。他们的做法恰如一面明镜，映照出我们的教育之误，让我们明白：身为教师，应当关注并尽可能满足孩子的内心需求。

尘埃里的“一棵草”

◎雷　晴

有人说，爱能在尘埃里开出花来；我却觉得，如果开花太难，不如就让它长成一棵小草吧，不也一样能装点这个美丽的世界吗？

我们班就有这样一棵尘埃里的“草”。

我遇到他的时候是二年级。记得那天报名，大多数孩子都赶在九点前来报名、领书。等到大家都交了作业拿到新书欢喜地离开时，我才发现还有一个孩子没来。我正要打电话问情况，一个瘦瘦小小的男孩子背着个黑色的有点旧的帆布书包走进教室，他不好意思地说：“对不起，老师，我来迟了。”这时我才看清楚他的样子：没怎么洗干净的脸，一双眸子闪闪发光，咧出一口白牙，冲我不好意思地笑。我第一眼就喜欢上了这个孩子。我往他身后一看，他家人居然没来？一个二年级的孩子一个人来报名？突然我心里莫名有点心酸，作为一个孩子的妈妈，我很想了解这个孩子的家庭情况。

通过联系他的奶奶，我知道了他是个单亲家庭的孩子，妈妈受不了家庭的贫困，在他很小的时候就离家出走了，至今音讯全无。后来为了生计，爸爸不得不外出打工，他跟随爷爷奶奶一起生活。爷爷奶奶年纪大了，只能在镇上卖点自己种的小菜维持日常开销，生活已如此困难，当然也就没有闲暇来顾及孩子的学习。理所当然地，他成了班里的“问题儿童”。几乎每个星期一收家庭作业时，小组长都会来告诉我，他的作业又没有完成，并表达了全组同学对他的不满——因为他不能完成作业，小组总被扣分，都已经连续几周位列倒数了。我知道家里没人管他，只能让他在学校补作业。然而，在一次又一次作业没完成之后，我找到了他。

“你们小组已经连续几周评分倒数了，你知道为什么吗？”我让他坐下，心平气和地跟他说。

他不好意思地看了我一眼，很快低下头去：“因为我没完成作业。”

我让他抬起头看着我，拍拍他的肩膀：“作业做得好不好是能力问题，做不做是态度问题，你觉得你是什么问题？”

“态度问题……”他很小声地回答我，不断观察我的表情，好像很害怕我发脾气。

我继续问他：“那你觉得你要怎么样才能改变你的态度呢？”

“我也不知道……”

“爱玩是每个人的天性，老师也是从你这个年纪长大的。我也经历过童年，我能理解你，但是理解不代表我能认同。你看看其他同学，大家都爱玩，可是他们都能在完成任务的前提下再去玩，这就是自觉。也许刚开始会有点难，但是只要我们养成习惯就会变得很简单，你愿意试试管住自己吗？”我顿了顿，继续说，“在你养成能独立完成作业的习惯之前，我俩一个组，我就是你的组长，以后你把作业直接交给我。如果你不做作业，我们组被扣分，那么我跟你一起受惩罚；如果得到奖励，我也跟你一起领奖，可以吗？”

听到这里，他脸上露出惊讶的表情，一秒钟之后，他郑重地点点头，说：“我一定完成作业！”

我微笑着看着他说：“为了奖励你愿意改变的决心，我教你一个我做事的秘诀，这可是独门秘诀。”

我拿出一本厚厚的笔记本，郑重地打开，指着扉页上的一行字读给他听：“‘今日事，今日毕！’你知道这句话的意思吗？”

他不好意思地摇摇头。

“我来告诉你吧！其实老师以前也很贪玩，总是等到玩够了才想起还有很多事没做。结果就是，要么胡乱应付，要么不能完成，成绩慢慢就下滑了。后来我的班主任找到我，语重心长地跟我说：‘做事一定要今日事，今日毕，拖延的后果就是事情越积越多，最后就再也不想去做了。’然后他就送了我一本写着‘今日事，今日毕’的笔记本。后来我就把每天要做的事都写下来，每做完一件事打个钩，每天一定看到所有事情后面都打上钩才允许自己上床睡觉，这个习惯我一直坚持到现在。现在老师把这个方法教给你，我相信你也可以像老师当初一样坚持下去，养成这个好习惯。你能做到吗？”

“能！”他大声地回答我。

我从抽屉里拿出一本崭新的笔记本，一笔一画地在扉页写下一行大字：“今日事，今日毕！”

他郑重地从我手里接过笔记本，真诚地对我说：“老师，谢谢您！”

看到他眼里闪烁着泪光，我摸了摸他的头，轻轻说：“去吧，要加油啊！”

那天以后，他成了我们办公室的常客。我布置了背课文的任务，他直接“驻扎”在办公室，直到背下来为止。每周一他都早早地把家庭作业放到我的办公桌上，等着我检查。当然，每次完成任务，我要么给他一句肯定，要么给他一个微笑，要么摸摸他的头，要么给他一颗糖。课间他总来问我，今天还有哪些任务，有没有需要他帮忙的，就连中午饭后我去操场走两圈，他也能找到我——他俨然成了我的小跟班，而我总会给他一点小小的鼓励。有时我在想，要是他毕业了，离开我了，我一定会很不习惯吧。

从三年级开始，我告诉他：“以后不用再跟我一组了，因为你已经养成了独立完成作业的好习惯，已经很棒了。”

他可怜巴巴地望着我，问：“我还能经常来找你吗？”

“当然！”

他听了高兴地跑开了。

此后，他再也没有出现过不完成作业的情况，虽然他成绩不拔尖，但是几乎没让我操心过其他事。他还会主动做班级里的事，向班上需要帮助的同学伸出援手。

看到他现在的样子，我想，就算他在其他人眼里仍然谈不上优秀，但是谁规定每个孩子一定要有好成绩才算优秀？如果品学兼优的好学生是一朵朵争奇斗艳的花儿，那他就是点缀其间的一株小草。花儿虽美，但小草也不乏可爱，不是吗？

给孩子一个可以期许的未来

◎纪继兰

“请问您是纪老师吗？”

“是呀，请问你是？”

“是我，程伟！可还记得我？”

“啊，是你！记得，当然记得！你咋知道我的手机号的？”

“嘿，这个我得当面告诉您。老师，您在不在学校，我马上去看您！”

“真的呀，好，好！”

放下电话，往事如过电影般历历再现。那是2003年，我随着县城搬迁，来到了一所新建学校，做五（2）班的语文老师兼班主任。

2004年开春，班上转来了一个名叫伟的男孩，这孩子报到第一天，就给我留下了深刻的印象。孩子父亲在我这儿登记完基本情况后，我便想和孩子聊几句，不承想他给我来了个徐庶进曹营——一言不发。翻开他的成绩册，两门功课加起来居然不到40分。“怎么这么倒霉，学校把这样的孩子分到我班上，真是拖后腿，这平均分得拉下好几分呢。”心里很是不快，好歹没表露出来，先看看再说吧。

转眼一个月过去了，这孩子除了作业隔三岔五地完不成，倒也安静乖巧，没给我惹事。我也没有为难他，只是这成绩始终是我的一个心病，想了好多办法均收效甚微。我终于按捺不住，第一次把孩子父亲请到学校，想商量一下对策，对孩子这么长时间还没啥进步深表无奈。没想到孩子的父亲却对我出奇客气，欣喜地告诉我，孩子在我这里的一个月进步已经很大了。啥？还进步很大？课文依旧读不顺，作业依然不能当天完成，这叫进步很大？这家长对孩子的要求也忒低了点吧！

伟的家长见我满脸疑惑，缓缓开了口："老师，我没骗你，你听我说。"

家长缓缓道来，我的心也跟随着波澜起伏，五味杂陈。原来，伟这孩子由于一开始就比别家孩子开窍晚，成绩自然跟不上。教他的老师年轻，经验不足，又很心急，便常常口不择言地责骂他。班里的小朋友是非观念不强，以为老师不喜欢伟，便也瞧不起他，都不愿跟他玩。如此一来，伟便害怕来学校，怕进教室，怕见到老师。一开始，还能勉强维持，后来便发展到经常逃课。而那时候学校对孩子的监管措施不像现在这么完备。家长看着孩子出了门，便以为孩子到了学校；老师见孩子没来，就以为是家长没送孩子来。何况这样的孩子不来，乐得眼不见心不烦，自然不会主动与家长沟通。于是，很长一段时间家校双方居然都不知道孩子其实是逃课了。直到有一天，晚上7点了，家长还未见孩子回家，这才找到学校，问是不是老师留下了。学校也才慌了，一同去找人，一直到晚上9点才在火车站旁的草丛中找到了孩子。

这事想想都后怕，所幸家长宅心仁厚，并没有找学校麻烦，只是将孩子转学了。由于后来学校的老师们也都嫌他拖后腿，言语之间常显出鄙夷之色，孩子还是会经常旷课、请假。一晃四年过去了，就这样，升入五年级的他加起来都没有读到三年的书，再加上本来起步就晚，成绩不差才怪呢！

"纪老师，真的很感谢您！我家儿子这一个月都没有说过一次不想来学校的话，您说这不是很大的进步吗？这家伙遇到您真是福气，孩子回家说纪老师待他很好呢。”

听了家长的叙说，惊出我一身冷汗。我哪算待他很好啊！他没完成作业，我也会催促他，找他进办公室补写；心里烦躁他拖全班后腿，只是没说出口，没在全班同学面前批评过他而已。就这样，他便认为是“很好”了。多么善良和容易满足的孩子！

由此我想到了教育家马卡连柯的一句名言：“培养人，就是培养他对前途的希望。”我为自己曾经的丑陋私心感到无地自容，我也差一点因这“私心”扼杀了伟对未来的希望。我不好意思将我曾经真实的想法和盘托出，我只是在心里暗暗告诫自己：今后一定要对得起孩子和家长的这份信任和期待，力争带给孩子一个可以期许的未来。

为师的，总会因着不同特点的孩子获得这样一次次的顿悟。自此以后，我更加谨言慎行，我的眼里不再只有分数，更有孩子的快乐和健康成长。对伟这样的孩子，我便尽力让他多识几个字，多读几篇文章，但从不逼迫他，而是用爱去温暖他，给予他帮助与呵护。

渐渐地，那个自卑的伟，脸上有了笑意，看见我能主动打招呼了，也能把我交付的事情干得像模像样，在班里还有了几个很要好的朋友。随着时间的推移，一切朝着良好的态势发展，伟的成绩也有了很大的突破，最后一次毕业考，伟的语文竟考了76分！

“老师，如果不是您，就没有我的今天！”当看到伟一身警服出现在我面前，那般高大、阳光、帅气，我竟激动得一时不知说什么好，只满眼欣喜地想摸摸他的头，却发现已经够不着了。而伟，则一把抱住我，仿佛还是当年的那个孩子。“老师，您还是那么美！看见您好开心，是您当初给了我希望。谢谢老师！”

伟告诉我，当年他一度觉得自己一无是处、人生无望时，恰好遇到了我，我没有像以前的老师一样瞧不起他，而是经常鼓励他，说他可以做得更好。渐渐地，他也觉得自己似乎是可以做得好一点的。后来，进入了初中、高中，乃至步入社会，他一遇上困难就会想起我鼓励他的话："你可以做得更好，我相信！"这种信念一直支撑着他走到现在，他是真的越来越好了。

伟还告诉我，他现在的工作，会面临很多的诱惑，但他秉承做人的底线和原则，牢牢记住我曾教给他的，严于修身律己。他说他现在很好，领导也很喜欢他。最近他还谈了一个很不错的女朋友，是一名幼儿园老师，他就是从女朋友那儿得到我的手机号的……

送走伟，我久久不能平静，内心洋溢着满满的幸福。身为师者，还有什么比亲见自己的学生健康成长、事业有成更开心的呢？十几年未见，这孩子还记得我这个老师，记得小学曾经发生的一幕幕，还想着要找过来看我，这份善良、感恩之心便是无价之宝。我庆幸当年没有做扼杀希望的刽子手，而是将他带向了一个可以期许的光明的未来。

给学生一点时间

◎张　舒

随着时代的发展，现在的学生个性鲜明，已与前些年的学生大不相同。如何关注到并且处理好学生特立独行的“个性”，对于老师而言，是一种艺术。

一节音乐课上，与往常一样，我正按着自己的节奏授课。突然，一个学生把自己身边的一个空座椅翻转过来扔在了地上。这个不寻常的举动并未引起我太多的注意。当时，其他学生已经进入了教学氛围中，我想尽快继续我的教学。我以为这只是那个学生因为无聊而做的一个举动，便提醒他把座椅放好。但事态的发展有些出乎我的意料……

这个学生在听到我的要求后并没有做出任何反应。我问他原因，他也沉默不语，我感觉他有意与我“对峙”。我有些意外，因为从之前的课堂表现来看，他并不是一个爱捣乱的孩子，相反，还比较乖巧可爱，也从未和我针锋相对过。此时，其他学生有些按捺不住了，纷纷抱怨起来，看得出他们和我一样，不希望良好的教学氛围被破坏。一些同学甚至直接与他发生了口角……

该如何处理这个局面呢？我用了几秒钟，观察他和其他学生的反应。虽然只有短短的几秒钟，但这几秒钟似乎特别长。这个学生先是脸上露出些许尴尬，随后一脸倔强。其他学生有的愤怒指责，有的习以为常，还有的说道：“他马上就会流眼泪。”结果，果真如此。我暗自分析：这是他第一次在课堂上做这样的事情；他不是故意针对我；他内心深处也不希望如此，但现在的局面让他不得不坚持到底；其他学生希望立刻回到之前的教学氛围中。

有了以上的观察和分析后，我觉得自己需要立刻做出一个决断，这个决断必须能有效地处理好这个局面。否则，其他学生会质疑我的课堂掌控能力，以后的课堂纪律会得不到保障。但如果我对这个学生采用强硬的办法，那局面有可能会更加糟糕：我会陷入尴尬的境地，此事会对学生的心理造成伤害，师生关系会遭到严重破坏。

于是，我用比较严肃的语气让全班学生安静下来。我说道：“每个人都会头脑发热做错事，我们给他一点时间思考，相信他会做出正确的选择。在下课铃声响起之前，他只要能摆好座椅，我既往不咎……”之后，很顺利地，我们又进入到良好的甚至比之前更好的教学氛围中。我也像什么都没发生过一样，不再把注意力放在那个学生和翻倒的座椅上。我想，他需要时间冷静，需要一个“台阶”来下，而不需要别人的关注；其他学生需要一节完整且有趣的音乐课。

时间过得很快，这堂课在和谐的氛围中结束了。就要下课了，一些学生甚至忘了之前发生过的事情准备离开教室了，但此时我看到依旧躺着的座椅，便对学生们说：“这节课离正式下课还有10秒钟的时间，我们还有一件事情需要处理。相信这位同学已经用了一些时间来思考了一些事情，我也相信他不会因为一时的冲动让自己后悔。”说完，全班开始倒数10秒。

在最后一刻，这个学生终于把座椅摆回了原位。

全班响起了热烈的掌声，他也露出了羞涩的笑容。我告诉学生们：“能在全班面前承认并改正自己的错误，是需要极大勇气的。既然这位同学用行动改正了错误，那我们就原谅他；而其他同学也要引以为戒，不要让类似的事情再次发生。”此时，全班再一次响起了热烈的掌声。

事后，我找机会和这个学生聊了聊。原来，那天他与他关系最“铁”的哥们有了一些误会，两人闹起了别扭。课上，他越想越觉得气愤，越想越觉得委屈，才做出了那种行为。现在误会已解决，两人重归于好了。在班主任那里，我了解到这个学生性格内向，内心脆弱、敏感，平时很在意大家对他的评价，如果遇到事情总是无法释怀，会做出一些“出格”的举动。

对于这节音乐课上的这个小“事件”的处理结果，我还是比较满意的。不过，我的内心还是有些忐忑，不知道这个学生后面的表现会怎样。没想到的是，之后的课堂上，他总是班级里面最为积极的那个；在学校见到我时，他都会开心地跑来和我打招呼；在班上，他也能和其他同学相处融洽。于是，我心里悬着的那块石头才算是落下了。

如今，有个性的学生越来越多，虽然有时他们的行为会偏激，但很多时候这些行为并非他们的主观意识，也并非出于恶意，只是他们难以控制好自己的情绪。对于这样的学生，很多老师认为无法改变他们。但我始终相信，学生任何看似“荒谬”的行为背后一定暗藏原因。身为老师，应该多去了解这背后的故事，而不是直接给这些行为贴“标签”。要相信，大多数孩子在做出这些行为的一瞬间就已经感到后悔，他们有时需要的就是一个“台阶”。因此，老师们要用智慧准备好这样的“台阶”，而不是将问题激化。要知道，教师在课堂的任何一个决定、任何一个举动，都会对学生造成影响。对学生，我们更需要护长容短，做到润物无声！

温暖的理想

◎龚社琴

相信年轻教师刚走上三尺讲台时，都曾有过这样的想法：我要教好每一位学生，让每一位学生都喜欢我；让每一个家长都认可我。这也是我的职业理想。

为着这个理想，我对学生有真诚的关爱，有热情的帮助，有无私的付出，当然收获了学生的喜爱和尊敬，得到了家长的感谢和赞扬……

可是遇到小安，让我对职业理想重新有了思考。

小安上课会乱动，随意走下座位，会自言自语，乱扔同学的文具，无法正常上课。才开学一周，每天都有任课老师和家长向我告状，有的老师直接说“这孩子脑子有问题”。

小安父母在外打工，我打电话告知小安父亲孩子在校表现，并问他孩子有没有其他情况，他父亲说出了实情：“小安上幼儿园时就去医院检查过，医生说孩子有注意力障碍和轻度自闭。”小安父亲的语气中透着无奈，“医生建议做康复治疗，效果好但费用太高。我爸不相信医生，说孩子只是发育慢，太顽皮，长大就没事了。”

班上有这样的学生，怎会让人不郁闷？可郁闷中我又同情小安，同情小安父母，谁愿意自己这样，谁愿意自己的孩子这样呢？

之后，我没课时，就坐在小安旁边陪他上课，他一站起来，我就拉拉他的手，让他坐下；我告诉他只要为班级做事，同学们就会喜欢他，愿意和他玩；我教他擦黑板、倒垃圾，还在班上表扬他是劳动小能手；教育其他同学不要欺负他。听到表扬的话，小安会很安静，会主动完成每天的劳动任务。渐渐地，他和同学们也有了简单的交流，同学们带他一起玩游戏，他会笑得很开心。

课上，他能听进去的东西很少，课后我就再单独讲给他听，手把手地教他写字。中午休息时间，我教他写作业。半个学期下来，他能拼读简单音节，会写简单的字。可就是这样，他考试也只能考三十几分。

我觉得不能用分数衡量小安的情况。他学会整理书包，能和同学做游戏，而且上课也不会离开座位了，这对他来说，已是很大的进步。

然而，我在为小安取得的进步沾沾自喜时，小安的爷爷却兴师问罪来了。

他一进教室就跟我嚷嚷：“老师，你总让我孙子劳动，我孙子能安心学习吗？考试才考了三十几分！”

我告诉他这样安排的原因：“小安是学习上有障碍的学生，不能用考试分数来评价他，他在劳动时能在班上找到归属感……”

“我家孙子没学习障碍，你歧视我家孩子！”老人突然满脸怒气地打断我的话。我愣住了。老人跑到校长室嚷嚷：“我家孙子好好的，有什么学习障碍？他只是发育慢，你们老师得慢慢教才行！”学校的楚校长冷静地听着老人的“控诉”，不时点点头，给他倒了一杯茶。趁老人喝茶的时候，楚校长问我：“小安是不是那个你中午不休息，经常给他单独补课的小男孩？”我委屈巴巴地点点头，眼泪都要流出来了。

楚校长又笑着对老人说：“你孙子回家读书写字吗？”老人说：“不肯读呀，嘴皮子说破了，他都不读不写。就是太顽皮。”

“老人家，你家孙子在学校可是写作业的呀，我们老师和同学可是有目共睹的。小安写字慢，龚老师利用中午休息时间陪他写。不会写，就手把手教他写；不会读，一个一个反复读给他听……”

老人听了校长的解释，声音降低了：“我知道我孙子顽皮，没别的孩子听话，只是他才上二年级就考这点分，我也是担心老师不管他了！”

“龚老师不仅管了，而且比管别的孩子花的时间更多，你也说了孩子发育慢，那他学知识也慢。龚老师让他多劳动，这是促进发育慢的孩子进步的方法，让同学觉得小安不是笨小孩，他会做好多事。劳动产生智慧，小安的智慧只是暂时还没表现在学习上罢了。”

“是啊，是啊。”老人连连点头。

“小安这种情况需要父母陪伴会更好，你不能辅导他学习，又不知道怎样做能让孩子变得更聪明。时间一长，小安与同学的差距会越来越大。”

“明年我让他爸爸回来找工作，好好照顾孩子。”老人不安地搓着手说，“我今天话说重了，请校长别往心里去，还请龚老师继续照顾我家调皮的孙子。”

老人走了，我很感谢楚校长替我解围，他笑了笑说：“做老师，难免会遇到‘刺头家长’，不要难过。学会与这些家长沟通，你会成长得更快。”

我点点头说：“可能是我的话刺激到老人了。”

“对小安的情况，你解释得越专业，老人就越觉得难过，越觉得我们在推卸责任，这种心情下，他很难与你心平气和地沟通。”楚校长说，“对小安，你该怎么做还怎么做，我相信你的付出对小安成长会有帮助的。”

听了楚校长的话，我不仅满肚子的委屈烟消云散，竟还有一种收获的喜悦。

后来，老人经常到学校了解小安的学习情况，而我都能与他很好地进行沟通。

工作中遇到的这种情况很多，有不少让我欢喜让我忧的学生和家长，但我都没有忘记当初的职业理想，而且多了一份理性的思考：我也许没有能力把每一个学生都教育得很优秀，也不能让每一个家长都满意，但我尽心尽力，就会向自己的教学理想越靠越近，越来越温暖。

以母亲的名义

◎王丽丽

“王老师，你们班这个孩子在初二有些异常，常常半夜起来哭……”望着新分的初三学生名单，听着级部主任善意的提醒，我在璇璇这个名字下面重重地画了一个标记。

报到结束后，是孩子们整理自己宿舍的时间。我特意到了男生宿舍，想先认识一下这个孩子。宿舍里，一个面容白皙的孩子捧着被褥满头大汗地寻找着自己的床铺，这就是璇璇。和大部分孩子不同，璇璇没有父母陪同，而是搭邻居的车独自前来的。见他独自一人，我便帮他整理被褥。他有些手足无措，匆匆瞥了我一眼，怯生生地说了一句“谢谢”，却没有像有些男生那样，趁势和我聊班级趣闻。

上课时，我有意给他更多的关注。当我的眼神与他对接，想给予他一些认可和期待时，他总是迅速地低下头。即使是最简单的问题，他也不会声音响亮地展示自己。初识他，这是一个不自信的孩子。

第二周，收餐费。班上只有璇璇忘了带钱。我本想等下了课告诉他我会先给他垫上。还没等下课，办公室外一位腿脚不太方便的70岁左右的老人来找我。“您是？”我起身搬了一把椅子扶着他坐下。“老师，我是璇璇的爷爷，孩子忘带钱了，我来给他送钱。”他上气不接下气地回答说。他家离学校比较远，肯定费了好大的劲才走来的啊。“路这么远，您跑一趟不容易，我可以给孩子垫上啊！”我有些埋怨璇璇：有事不找老师，只会吩咐老人！

“老师，他不喜欢麻烦人的，更不愿意麻烦老师。”璇璇的爷爷马上说道。“哦，让我垫上钱，这有什么麻烦的？”虽然这样说着，心里仍然是有些吃惊。

“老师，您还不了解这个孩子。从小到大，他都很要强，能够自己干的事都是自己干，从不麻烦别人。”哦，是这样。“大爷，您来送钱，他的爸爸妈妈呢？”我小心地斟酌着词语。

“璇璇这孩子，他跟着我吃苦了。”老人叹了一口气。“他5岁时，爸妈就去深圳打工了，就由我一直拉扯着他，算算有十年了。”我听了心里酸酸的，开始同情起这个孩子了。璇璇啊，原来你是一位留守孩子！璇璇，我应该如何才能走进你的心里？

翌日清晨，刚刚踏进教室的门，舍长就急急忙忙地反映：“昨晚半夜里，璇璇又呜呜地哭，好像是在叫‘妈妈’，把我们都吵醒了！”末了加上一句，“老师，他初二的神经病犯了。”我瞪了舍长一眼：“再不许这样说。你告诉别的同学，也都不许这样说。”虽然这样嗔怪舍长，可是我知道，这事绝不会这么简单就了结。只有他和别的孩子完全一样了，这个绰号才能真正消失不见。

“璇璇和咱班的同学相处得怎样啊？”舍长责任心比较强，说话总是快人快语：“他不喜欢吃我们的小食品，可能他觉得没有合适的东西给我们吧！和我们交往也不多，他一般不需要我们帮助。”璇璇有事情不但不找我，而且也拒绝了同学们友好的表示，他封闭了自己！昨天，他年迈的爷爷来送钱，是不是勾起了他什么伤心事？他夜里哭着喊妈妈，是想妈妈了吧？

我想，该真正地和孩子好好谈一谈了。办公室里，只有我们两个人。

“你觉得初三的生活还好吗？有没有不适应？”“还行吧。”仍是那迷茫、不敢直视我的眼神。

我拉着他的手，非常诚恳地望着他：“你昨天没有带钱，本可以来找我的，老师愿意帮助你。”“老师，其实我昨天去商店打电话让我爷爷送钱来时心里很犹豫。我想到了你给我整床铺，那个样子就像我妈。但是，我一贯不愿求人，所以就没有找你。”这是一个极富爱心的孩子，为了找谁拿钱这件事，他一定做了不少思想斗争。小小年纪做事便有如此多的顾虑，难道不是这个家庭给予孩子的伤痛吗?

“璇璇，非常感谢你和我说心里话。你很诚实，老师也喜欢你。你告诉老师，昨天晚上为什么哭了？是不是想妈妈了？”望着他，好像此时他就是我的孩子。

或者因为有先前的感情铺垫，璇璇终于肯向我敞开心扉了。“老师，你怎么知道的？每当看到别人的父母来学校送这送那，而我，还要麻烦年迈的爷爷，我心里就特别难受。如果我妈在家就好了，就不用麻烦这么大年纪的爷爷了。”说着，璇璇眼里就溢满了泪水。是啊，母亲是一个多么温馨的词语，能给我们无尽的美好想象！可是，这个孩子的母亲远在千里之外，最简单的母爱，对这个孩子而言，竟也成了奢侈！

“璇璇，你真懂事，也非常有爱心。今天，咱们就说好，以后有什么事情，首先来告诉我，不许麻烦爷爷。这是我们的约定。来，我们拉个钩，必须说话算话啊！”我拿了一张纸巾，帮他拂去了眼角的泪水。

“你想妈妈，为什么不和她说呢？”我问他。

他无奈地摇了摇头：“爸爸妈妈都在外面打工，跟他们说有什么用！”

璇璇因强烈的思念而生的夜夜梦魇，此时如一根刺扎在我的心尖上。难道一定要让孩子成为留守孩子？物质生活固然重要，可是，孩子童年的凄苦，谁能够补偿？其实我想告诉他，妈妈没有回来的这些日子，如果你愿意，我可以给予你更多的温情。可是，我害怕这些语言的无力与苍白，我能够给予孩子多少呢？

终于，我拨通了璇璇妈妈的电话。电话那头，他的母亲非常惊疑地问我：“是不是孩子没有完成作业？”然后，她又自问自答地说道：“他说他完成得挺好的啊！”仿佛家校沟通的主题只有“作业”两字，我不禁摇了摇头。

“您知道他总是半夜哭吗？那是因为他太想你们了。而且，孩子现在越来越敏感了……”电话中，我与璇璇的妈妈交流着璇璇在校的点点滴滴。电话的那一端沉默了片刻，我的话应该是戳中了一位母亲的心坎。许久，她才嗫嚅地说道：“老师，我想和他爸今年再打一年工，把钱赚够了，到文登买一套房子，让璇璇到文登念书。”

“璇璇的情况，你们要重视了。现在，他有心事总憋在肚子里，自我保护意识非常强，没有青春年少的孩子应该有的阳光心态。这样下去，我真的很担心。你们父母是想多赚些钱改变他的物质生活，但孩子失去的是整个童年啊！您想想，璇璇每天看到同学都有父母陪伴着，他会是怎样的心情？您觉得，作为母亲，您称职吗？……”最后一句，我是以一位母亲的名义问的。或许我带着一点点情绪，可是，我那么想帮助这个孩子！

彼端一片沉寂。或许我所说的，让她也在思考，未来的路在哪里。

下一周的清晨，璇璇望着我，竟是一脸从未有过的阳光。“老师，我妈说了，把手头的事情处理一下，就和我爸回来。”声音里是难以抑制的兴奋。而后，他竟然和我来了一个击掌庆祝的动作！

璇璇蹦着跳着和同学们一起去嬉戏了。原来，他也可以这样！望着他愈来愈远的背影，此时，我的眼窝濡湿了。

因为懂得，所以呵护

◎李竹平

一

R已是第三次问我："如果被查出来，会很严重吗？"

我懂得他的心思。他担心，一旦被查出那一百元钱是他从H的柜子里拿的，他会不会受到想象不到的惩罚。

我知道这件事基本上真相大白了。但是，我必须让R在承认错误、受到教育的同时，心里感到安全，毕竟他还是一个孩子，且以前没有过这种行为，他这么做，一定是有某种原因的——即使这种原因不能成为他逃避责任的理由。

事情是这样的。

中午我吃完饭回到教室，几个男孩围过来，叽叽喳喳说有事要我处理。我让当事人留下，其他人忙自己的事去。

平时表现有些木讷的H基本说清楚了是怎么回事。H从教室出去的时候，看见R正在关书包柜的门，一只手里拿着一张一百元的钞票。H觉得那张钞票折叠的样子很像自己的，便打开隔壁自己的书包柜，发现书包外侧的小格被拉开了，放在饭卡旁边的一百元钱不见了。他马上跟R说："你手中的钱是我的。"

R说，那钱是自己的，他的饭卡丢了，带一百元钱来重新办饭卡。H知道R的饭卡丢了，但他坚持认为那一百元钱是自己的。我把刚才一块过来找我的两个男生从教室请出来。他们一致为H作证，这一百元钱的确是他的，理由是H早上来的时候给他们看过这张一百元的钞票，当时就是这样折叠的。

现在，轮到我来“破案”了。

我先听R和H怎么说。H说不仅两位男生可以作证，他的爸爸妈妈、爷爷奶奶都知道他今天带了一百元钱，因为是奶奶当着家里人的面给的。R说，他给饭卡充值都是用自己的零花钱，从来不跟家里人要，拿钱家里人也不知道，所以没有证人，但钱是自己带来的。

看来，仅仅靠他们所说的，无法判断这一百元到底是谁的。不过，我观察到H稍稍有些激动，说话语气笃定，R显得十分淡定，说话慢条斯理——其实他一贯这样，遇上需要思考的问题时，眼神萌萌的，说话一字一顿。

我有点怀疑R，但没有充分的证据，是不可以武断的。他们都是儿童，心灵纯净而脆弱，如果被冤枉，肯定会受到伤害。好在，R和H一直是好朋友，甚至是形影不离的好朋友。他们没有因为这一百元钱发生激烈争执。

我得冷静地处理这件事。首先，我让两个作证的男孩认识到，就算这一百元钱折叠的样子与H早上拿出的钱差不多，也不能肯定这钱是H的，所以这件事他们不需要再参与了，也不需要跟其他人说起。我想，参与的人越多，无论结果如何，对其中犯错误的人来说，都是不安全的。

孩子们都在教室里练字的时候，我和R留在走廊里。我望着他的眼睛，用比较随和的声音对他说：“谈谈你的想法吧。”

R挠挠头，望着我，眼神依然萌萌的："谈想法？没有想法啊。"但明显地，说完，他的眼神有些飘忽，有些犹疑。

"那一百元钱，你怎么看？"我只好直接挑明。

他没有犹豫："是我自己的啊。"

"怎么证明呢？"

"没办法证明。但就是我的。"语气很肯定，眼神却不笃定，目光碰到我的眼神的刹那，马上飘向屋顶。

我将H请出来——孩子们都在练字，没有人注意到我们。H还是刚才说过的原话，强调这一百元钱的折痕就是他折的。我问他，折痕几乎一样，能不能肯定自己的钱一定是这张。他想了想，摇摇头。

我让他俩一起再在书包里找找，没有找到另外的一百元钱。我现在能肯定，这一百元钱只属于他们中的一个人。考虑到他们是好朋友，我又知道他们无论遇上什么事都很少有自己坚定的主张，为了暂时让他们不再纠结这件事，我提议："先将钱放我这儿，你们先去上课，如果两节课后还无法确定这钱是谁的，那就一人五十。你们同意吗？"

果然如我所料，两人都点头同意了。不同的是，R用右手托着下巴，抬头望着上方，想了几秒钟就同意了；H是晃着脑袋，有点无可奈何地答应的。

我也知道，这个提议对于R来说，看似吃了一颗定心丸，事实上他的内心一定会思虑很多——无论这一百元是不是他的。

二

等孩子们都去上选修课了，我在QQ上问R的妈妈："R每次饭卡没钱了，你们会及时给他钱充值吗？"得到的答案是肯定的。一会儿，R

的妈妈问我：“发生什么事了吗？”我想，还没有需要家长参与进来的必要，就回复她：“没什么，了解一下。”

R的妈妈提供了新的线索，R的嫌疑更大了。

我得想办法既能从R的身上找出真相，又不至于让他暴露在众目睽睽之下——如果真是他偷拿了H的钱的话。我得掌握好尺度，既让他记住教训，又要保护他的心灵。这时候，系统思维的运用是必需的，解决眼前的问题的同时，还要考虑解决问题的过程以及对未来的影响，这一切都要具有科学的儿童立场。

下午两节选修课回来，孩子们各干各的事，我将R请到身边来，问他：“钱到底是谁的，有答案了吗？”

R用不变的眼神望着我，想了一会儿，说：“钱真是我的。”

“可是，你没有证据，H的证据也不充分，我觉得不好办啊！”我故意摆出为难的样子。

“那就一人一半呗。”R回答。

“不行！”我很干脆。

“为什么啊？”他可能没想到我自己提议的，此时却“反悔”了，一脸的惊讶。

“你想一想啊，如果这钱本来就是你的，给别人一半，合理吗？如果是H的，给你一半，就算他同意，他的爸爸妈妈不一定同意啊！”

“也是哦——”他又托着下巴，望向屋顶。他那一贯萌萌的眼神里又有了一些犹疑。

他在想什么呢？我需要更进一步了。

我盯着他的眼睛，一字一顿地说：“其实，有一个办法，很容易弄清楚真相，只是我暂时还不想用。”

“查监控。”R的反应很快，似乎他早就想到了。

我点点头。

“那么远，能拍得到吗？”他竟然提出了这样的问题，说明他真的早就想到了，甚至可能这两节课他一直在想这件事，并且了解了摄像头的位置。同时，我也觉得，离真相越来越近了。

我仍然盯着他的眼睛：“你想想吧，安装监控的时候，是不是会考虑到这些问题呢？”

R又挠挠头：“也是啊。”

“那么，我是查还是不查呢？”我把决定权给了他，希望这时候他能说出真相来。

R又扭头望着天花板，说：“让我想想。”

一会儿，他也许仍然觉得监控拍不清楚，对我说：“那就看看试试吧。”

“你确定？”

“查出来了会很严重吗？”他问。

我想，看来他还没有认识到事情的严重性，才会抱着侥幸心理吧。我说：“这要看情况了。如果是无心犯的错，或者事出有因，自己承认了，改正了，仍然是值得信任的好孩子；如果是通过监控查出的真相，那就严重了，就会被认定为小偷，要在全班同学面前承认错误、道歉，还要告诉家长。H是你的好朋友，你不希望好朋友可能会丢尽了脸吧？好朋友肯定也不希望丢脸的是你，对吧？”

R呆呆地望着我，什么也不说。

我看时机应该成熟了，又对他说：“这样吧，你去思考五分钟，五分钟后你再把自己的决定告诉我。”

他回到了座位，呆呆地坐着，似乎在沉思。

这时候，我也再梳理了一下思路。我想，或许，他还有很多顾虑，尤其是如果他一个人向我承认了，好朋友H会怎么看这件事，以后自己还能不能在好朋友面前、在全班同学面前抬起头来呢?

再回来时，R还是摇摆不定。我决定将H叫过来，一起参与“决策”——毕竟，他是当事人之一。

我还是先让他们去商量商量。一会儿，他们回来了，提出的方案竟然还是一人一半。我否决了，理由除了前面的，还加了一条：“这样处理，传出去大家不都要说我们班的老师和学生都是糊涂虫吗？”最后，焦点还是落到了查不查监控上。

R不置可否，H说话的语气也犹犹豫豫：“查吧，那就查吧。”

我再次分析了自己说出真相与通过监控找出真相的区别。

R问：“我们再去商量商量，行吗？”

一会儿，他们又一起回来了。H第一句是询问我：“老师，如果查出来是有人说谎了，会有多严重呢？”

我没有马上回答H，而是望向R。

R盯着我，问：“会很严重吗？”他的眼神里，分明透着对自己行为的审视，想要确定他所做的，到底会造成什么样的后果。

我重复了前面说过的话。这次，不仅说给R听，也说给H听。

H说：“老师，我们再商量商量吧。”

“两分钟，只给两分钟，而且是最后一次。”我强调。

再次过来时，R第三次问了我同一个问题：“如果被查出来，会很严重吗？”

我不得不再次帮他分析一遍。R提出再与H商量商量，我虽然看出了R快要“缴械”了，但觉得需要施加最后一点压力：“刚才说了是最后一次，这样无休止地商量下去，不一定有用的，还不如我花时间去看监控呢。”

H望了望R，又望了望我，说：“老师，就一次，真的就一次，行吗？”

我做出有点不信任他们的样子，说：“好吧，就再相信你们一次！”

一会儿，他们回来了。H有点兴奋的样子说：“老师，真相大白了！是——”跟在后面的R低着头，明显有些不自然。

我马上做了一个“停”的手势，说：“什么也不说了，我早就知道了真相。现在，这事就算过去了，谁也不要再提。我相信，今后不会再发生这种事。”说话的同时，我将一百元钱塞到H手里，接着告诉他，不用跟别人说这事，记得明天及时去充值。

三

R站着没动，我知道他有话想跟我说。原来，他曾经丢过一百元钱，饭卡是第二次丢失，找不到了——他一直都丢三落四，书本常常不知所踪，虽然我常教他怎样收拾、管理自己的物品。我告诉他，丢失了东西，要及时寻找，及时告诉老师。自己丢了东西，决不能拿别人的东西来补偿，那是错误的做法；那个被拿了东西的人，也会像他丢了东西时一样着急难过的。他点点头，小声问：“那这事我还要受惩罚吗？”

一个原本憨厚的男孩，因为自己的钱丢失了，心中不知经历了怎样的矛盾和斗争，最后战战兢兢地拿了好朋友的钱，不过是幼稚地想找回心理平衡，还没有必要上升到品德好坏的层次。如果因为一次头脑发热的过失，就把他的行为暴露在同学甚至更多人面前，有可能会给他带来灾难性的心理压力和伤害。作为教师，我们当然需要用同理心来理解孩子，在懂得他们心思和需求的基础上，给予引导和呵护，让他们即使是承认和改正错误的时候，也有心理安全感。

我同样小声告诉他：“我刚才已经说过了，这事从现在起，我们谁都不提，就像没有发生过一样。因为，我知道你一直是个诚实、正直的好孩子，以后仍然会做一个诚实、正直的好孩子。我说的对吗？”

R点点头，若有所思，鞠躬说了声“谢谢老师”，挪着步子回座位去了。我从他的“谢谢”和步伐里，读出了他内心的感激和一丝沉重，这沉重大概就是深刻的自我反思吧。我想，有了这次表面看似波澜不惊的经历，他以后再也不会轻易犯这样的错误了。

果然，班上没有人再谈论起这件事。幸好，H和R是好朋友；幸好，我的耐心和宽容换来的是这样一个不错的结局。

身为教师，面对成长中的儿童，要具有儿童立场。什么是真正的儿童立场呢？那就是要懂得他们此时此刻一言一行背后的秘密，与他们和谐相处，引导他们健康发展，陪着他们在各种各样的经历中“长大”。哪个孩子不是在一个又一个错误中慢慢成长的呢？他们犯错误的时候，正是需要我们帮助的时候。这种帮助不是简单的就事论事，解决眼前的问题，而是需要我们深入心灵的引领和启发，让他们学会自主判断，学会反思，从而实现自我成长。做到了这一点，其实也就是给予了孩子和孩子的成长最长情的呵护。

是的，因为懂得，所以呵护。

你和他们一样

◎徐　杰

与大多数教师一样，当我接手一年级时，面对一群身上充满了稚气，时常被抱在爸爸妈妈怀里撒娇的孩了，我心里充满了无限希望，然而开学没几天，我就为一个“迟到”的插班生苦恼了。

在同龄人中他的个子算高的了，脸上没有孩子的稚嫩表情，取而代之的是小小的疤痕。不知为什么同学们都很不愿意跟他交朋友，下课后，他总在操场上跳来跳去，完全不顾忌会不会撞到别人。也不时会有些学生跑来告状：老师，王奥他打我；老师，王奥他拿了我的东西；老师，我们在玩的时候，王奥他总是来捣乱………上课时，他不是趴在桌上睡觉，就是跪在自己的凳子上大喊大叫，有时还打同桌，拿别人的东西。为此，其他任课教师常找我投诉。

如何能让他融入这个班级？又如何使他爱上学习呢？

要解决问题首先得了解他，我采用了最直接的方式：找他妈妈谈谈。放学后，我将王奥的妈妈请到了办公室。当得知孩子在学校有经常动手打人的现象时，王奥妈妈犹豫了。过了一会儿，她把我拉到没人的地方小声地对我说：“徐老师，这孩子我也很心疼，他的大脑有些问题，有时候控制不了自己，喜欢不停地动，异常暴躁。我带他去医院，医生说得坚持吃药，可是吃了药之后他就发困总想睡觉。你一定要帮帮他……”望着她无奈而又焦急的表情，我也犹豫了：这种情况在我的教书生涯里还真没遇到过。但是，我依然诚恳地说：“我一定尽力。”

回到教室，我看到王奥一个人歪歪扭扭地靠在门框上，眼睛默默地看着操场上。他其实很需要朋友，于是我灵光一闪，有了第一套方案：我们愿意做你的朋友。

语文课上，结合我们所学的新知识，我让学生写口头日记向大家介绍自己。果然不久，在班级博客上出现了王奥的日记：

我是王奥。今天上英语课，老师奖给了我一个红花，我很高兴。这是我进小学以来得的第一个红花，以后我一定要认真听讲，争取每一门功课都能得到。我是一个很调皮的男孩，自控能力不是很好，一些行为习惯还没有好好养成，请老师和同学能多多提醒我，教育我，让我早日成为一个良好的学生，谢谢了！

字里行间我能看出他渴望交朋友。第二天，在上课前，我公布了我的想法：“同学们，老师看了大家的口头日记，觉得你们写得都很好，都表达了自己想交朋友的愿望。其中有一位同学写得非常诚恳，老师想请他上来给大家念念。掌声有请，王奥同学！”说完，我带头鼓起了掌。王奥慢慢地站了起来，手却不知怎么放才好。他低着头，半天不知道说什么。我用期许的目光望着他：“说吧，没关系，大胆些！”许久，话筒里传出了很小很含糊的声音：“我是王奥，七岁了，希望能和大家交朋友……”话没说完，脸就已经通红了。王奥手拽着话筒，深深地低着头。我示意孩子们都安静下来，非常认真地对他说：“我愿意做你的朋友！”他抬起头望望我，笑得有点傻。“王奥，我愿意做你的朋友！”下边有孩子喊出来，王奥开心地笑了。

这是我最希望看到的一幕。当学生们再次安静下来的时候，我在黑板上大大地写了两个字：朋友。

通过这次课上的交流，有了其他同学的帮助，他慢慢地变了，不动手打人了，作业也能按时完成了。

然而，冰冻三尺，非一日之寒。他上课乱喊乱叫的坏毛病，还是让我头痛不已。终于，有一天我“生气”了。我让他收拾好书包，把他带到了办公室，并叫来了他的妈妈。王奥妈妈配合我的意图，拿起他的书包说：“你这样不遵守纪律就别学习了！走，回家去！”他扒在墙边挣扎着说：“我不走！”这样僵持着，我缓了缓语气：“你和以前比确实很有进步，可是，上课乱喊会影响其他同学的，这个毛病不改没有人会喜欢你。”听到这些，他突然理直气壮地说：“老师，因为我没有吃药。”

原来他一直以为自己变好是因为天天在吃药，妈妈如果忘记给他吃药，他就应该捣乱。找到问题所在，我对症下药：“你压根没有任何问题，这是借口。你看，今天没吃药，刚才不是站在这里，一动不动，一声不吭吗？为什么刚才能管住自己？其他同学能做到的，你也能做到。因为，你和他们一样！”

听到这番话，他睁大眼睛吃惊地望着我。从此以后，他真的“没病”了。

把心安放在37℃
——那些不能不说的遇见

◎王雪霜

小手鼓的故事

每个孩子都是天使，都是独一无二的存在，有时天使的眼睛会被云雾遮挡住，我们要做的就是帮助孩子拨开那些遮挡双眼的云雾。

2016年11月，我在网上买了一只小手鼓，我想把它送给一位叫S的小女孩。这个小女孩皮肤白皙，眼睛又圆又亮，头发微黄带点卷，有点异域女孩的独特气质，我第一眼见到她就非常喜欢她。可就是这样的一个女孩却有严重的吃手习惯，一开始是下课吃手，后来是课上吃，再后来发展到每节课、什么课都吃。由于这一习惯，S在课堂上总是无法集中注意力听讲，学习成绩也不断下滑。英语课上，我经常友善地提醒她：S，hands!可是两分钟不到，她又吃起手来了，有时一节课要提醒她五六次，甚至更多。后来，各科老师都发现了S的这一问题，大家除了提醒她不要吃手外，一时也想不出更好的解决问题的办法。但这样的提醒似乎效果不大，S吃手的现象依然每天上演。有一阵，班上感冒的孩子很多，我更是替她着急，病从口入，这样下去孩子的身体也会出现问题！从孩子的父母那得知S有吃手的习惯已经很久了，从幼儿园小班就开始了，他们也想尽了办法，还经常因此打骂孩子，但孩子就是改不了，他们也非常焦急。得知这一情况后的那一夜我失眠了。第二天我查阅了之前读过的许多教育书籍，想从书中寻求答案。终于，功夫不负有心人，从《高效能教师》这本书里我获得了启示：这样的孩子，可以尝试让孩子的手一直有事做，以此来分散孩子的注意力，从而降低吃手的频率。于是，我决定购买一只小手鼓，把它作为礼物送给S。刚好S的生日要到了，我当着全班同学的面送给了S小手鼓，并任命她为手鼓守护天使。S当然不知道我送她手鼓的真实用意，她兴奋极了，因为全班只有她一个人有。我告诉她："老师送给你这只漂亮的小手鼓，是有重要的事请你做哦！在老师的课堂上，如果老师表扬谁了，你就拍拍小手鼓，其他小朋友听到你的小鼓声，就会一起为这个被表扬的小朋友鼓掌。"S十分乐意地接受了这一光荣的任务。从那以后，只要上到我的课，S都会提前把小手鼓放到课桌边，随时准备拍击小鼓。由于她需要专心听讲，才能确定我会表扬谁，才能确定自己在何时拍小手鼓，所以，她的课堂听讲注意力有了很大改善，吃手频率明显降低，英语学习热情空前高涨，成绩也进步显著。在S成为手鼓守护者后的第一次单元检测中，S破天荒地考了个98分，而在这之前她的成绩一直在80分左右徘徊。当S的父母知道我为改变孩子吃手习惯所做的努力后，感动得流下眼泪……

自从S做了手鼓守护天使，课堂上、课下不再疯狂吃手手，而且爱上了学习，爱上了英语。小手鼓的神奇作用，远远超出了我的预期，也启发了我对教育真义的再思考……

孩子，我来了

幸福是你需要我的时候，我刚好在你身边。

新学期，当得知我任教N小朋友所在的班级时，几乎所有同事都对我投来同情的目光，他们的眼神、表情都告诉我：我即将接手的这个班就是传说中的“滚烫的山芋”——因为N。也有同事“宽慰”我：领导知道你是转化“特殊生”的高手，所以，这次N同学的转化只能靠你啦！

这是一个怎样的孩子呢？竟然让全校老师都拿他没辙。

在遇见N之前，我自导了多少种我们相遇的方式，并且自信满满地以为，以我丰富的教育经验和后进生转化经验，无论采用其中哪一种方式，他都会张开双臂欢迎我。

那一天终于来了。开学的第一节课，我满面春风地走进N所在的班级。他当时坐在靠门口的一桌，离讲台很近，我站在讲台边跟全班说话，他眨巴着双眼，腰挺得笔直，跟其他小朋友一样，认真倾听着。我一边和声细语地诉说着我和孩子们之间的“春天的约定”，一边悄悄观察着他：他的皮肤很白，脸蛋清爽干净，头发不是很浓密但看上去很柔软，眼睛不大但闪闪发光。他静静地坐在那，静静地打量着我，那一刻，我觉得他离我很近，又似乎很远。

我问：“新学期，老师需要一些小助手帮老师做事，谁愿意？”话音刚落，小朋友们齐刷刷地高举起小手，唯独他没有举手。他还是静静地坐着。

我以为他腼腆，笑着走近他：“我的‘特别助理’一职想邀请你来做，可以吗？”

我以为他会很开心地一口答应。结果，他果断地回复了我两个字——“不要！”，然后把头埋在肩膀里，埋得很深很深，我完全看不见他的脸。紧接着，其他孩子群起而攻之：

“他就这样的，他对谁都这样！”

“老师，你别理他，他就是个坏孩子！”

“他什么都不会做，只知道玩。老师你别选他了！”

…………

我示意孩子们停止议论，然后走到他的身边，摸着他的头：“没关系，不想做，就不做，老师尊重你。”

下课，走出教室的那一瞬，我的心情异常沉重：如此“特别”的孩子，如此跟周围格格不入的孩子，如此将心门紧闭的孩子，他的心灵世界究竟是怎样的？过去的他究竟经历了什么？我该如何走近他，我该如何帮助他呢？

教学生涯十八载，第一次被一个一年级小朋友当众“拒绝”，第一次被一个八岁小朋友“无视”。我的教育经验第一次遭到严峻挑战，我第一次深深感受到身为教育工作者的那份“使命感”之重……

我需要“破冰”，打开之前的僵局。开学第二天中午，我在N所在班级布置第一单元的单词抄写作业，单词很少又简单,孩子们认真地抄写着。我注意到N的座位上没人，就问其他小朋友，N去哪了？有几个孩子大声说：“他在小教室玩，他从来不写作业的！”

我来到班级旁边的小教室一看：他果真在，但不是在玩，而是趴在门口的一张长凳子上漫不经心地翻着一本书。我问他：愿意去教室抄写单词吗？他头都不抬，只摇头。那会儿，我手里抱着很多刚写好学生姓名的英语作业本，我假装示弱，向他求助：“宝贝，老师要把这么多本子搬到三楼的办公室，你看老师这么瘦，力气不够大，需要你的帮助，可以吗？”这次，他竟然没有拒绝我，立马放下书，帮我搬起其中的一摞，我们一路上有说有笑，他向我炫耀自己是大力士，可以帮我搬更多的书，还答应做我的“特助”！后来我才知道，其实N并非天生的沟通障碍儿童，也并非如很多老师反映的“无从入手”，更非孩子们口中的“坏孩子”。也许，我们需要的是一个合适的教育契机。

我努力发现N的“兴趣点”。那天午饭后，其他孩子都在小花园玩耍，N又一个人趴在教室的读书台上静静地看书。我走进教室，蹲下身，轻轻地在他耳边说：“想参观老师的办公室吗？”他倏地坐起来，靠近我的耳朵，神情神秘而期待：“好呀，那我可以参观你的百宝箱（之前我在班级跟孩子们约定过：表现好的小朋友可以抽取百宝箱中的奖品）吗？就一眼。”我连忙说：“可以呀！但你需要先完成一件事，补写好你之前落下的英语作业。”他爽快地答应了，认认真真地补写了之前落下的英语作业。（要知道，这个孩子之前什么作业都不做的）由于很久没写字，N费了老大劲儿才完成了作业。他的英文单词写得很丑，东倒西歪，但我像欣赏一幅艺术品一样，对他大加赞赏：“哎呀！你第一次写作业，能写出这样的字，实在太了不起了！”N如愿以偿地参观了我的百宝箱，还挑了一个黄色的小棒球，兴奋地举起它，向我炫耀：“我是学校棒球队的！”我们坐在办公室沙发上聊了很多关于他打棒球的事，我还给他看了手机里的家人、朋友照片，跟他分享了我的生活。于是，他也跟我分享了他的家人、他的朋友和他的生活……最后，我们一起在球上用签字笔庄重地署上我们的名字。我说：“这个小棒球就是见证咱俩友情的信物，送给你，从此，我们就是好朋友了！”他很认真地点头，如获至宝。晚上，N妈妈来电说，N把小棒球当作宝贝似的，放学一到家，就将它从书包里拿出来，小心翼翼地放到书架上，还说，不许任何人碰。

从那以后，N就像换了一个人，从心灵的暗室里走了出来，瞧见了阳光，听到了世界，找回了迷失的自己，脸上也渐渐有了笑容。他开始做作业了，课堂上也时不时举手发言了，各科成绩也有了很大进步……

在N转变的过程中，我似乎做了很多，又似乎什么都没做，只是在他最需要我的时候，刚巧在他身边。

在教育的旅途中，我常常停下脚步叩问自己：什么样的教育是最好的教育？

也许，合适的教育就是最好的教育。

而合适的教育，往往都是有温度的教育。